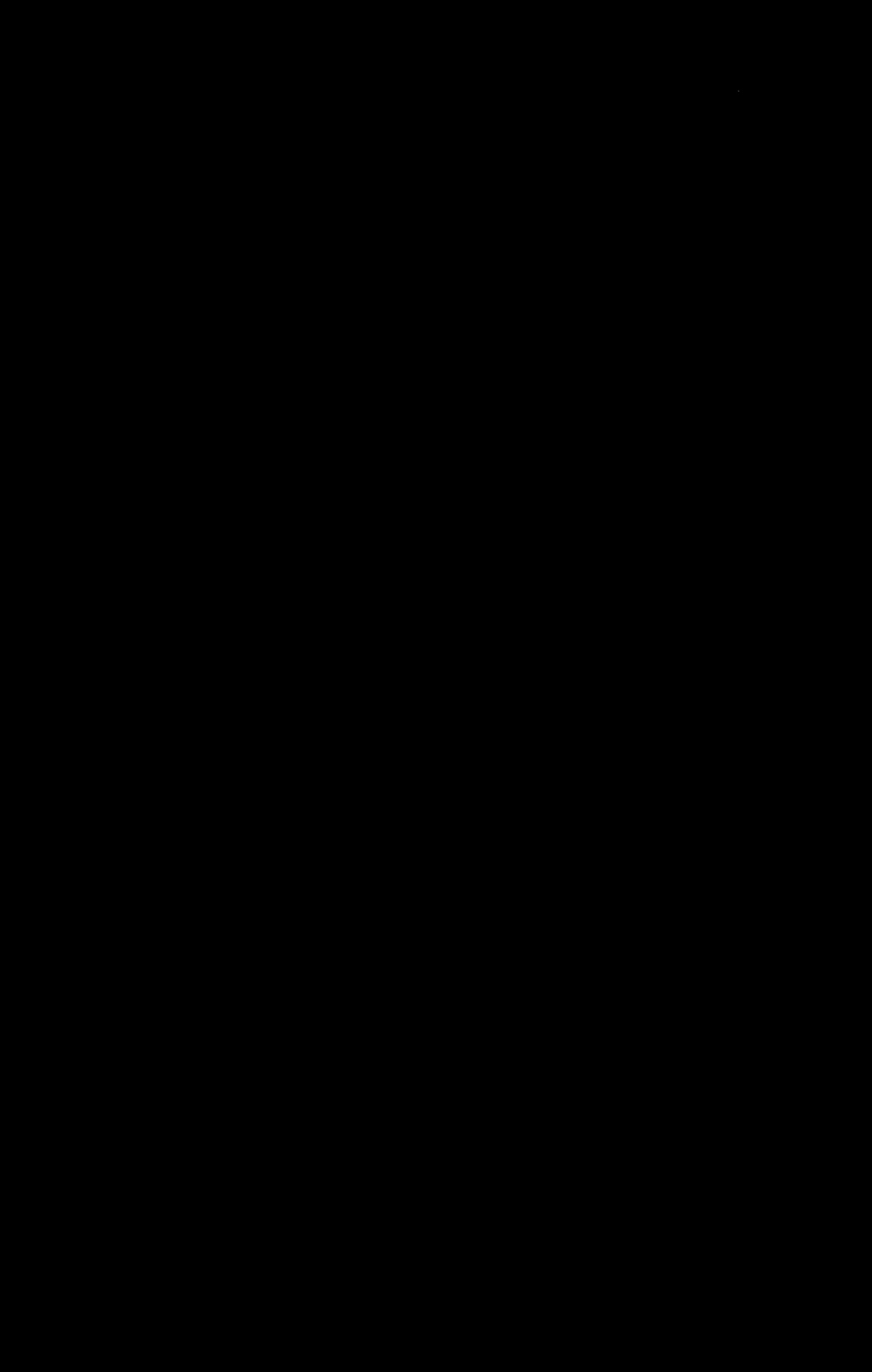

로버트 볼튼
인간관계 수업 ❷

그 사람은 왜 말을 그렇게밖에 못할까

PEOPLE SKILLS : How to Assert Yourself, Listen to Others, and Resolve Conflicts by Robert Bolton, Ph.D.

Copyright © 1979 by Simon & Shuster, Inc.

All rights reserved.

This Korean edition was published by Trojanhorse Book in 2025 by arrangement with the original publisher, Touchstone, an Imprint of Simon & Schuster, LLC through KCC(Korea Copyright Center Inc.), Seoul.

이 책은 (주)한국저작권센터(KCC)를 통한 저작권자와의 독점계약으로 트로이목마에서 출간되었습니다. 저작권법에 의해 한국 내에서 보호를 받는 저작물이므로 무단전재와 복제를 금합니다.

로버트 볼튼 인간관계 수업 ❷

그 사람은 왜 말을 그렇게밖에 못할까

PEOPLE SKILLS

로버트 볼튼 지음
박미연 옮김

트로이목마

| 일러두기 |

트로이목마 출판사는 저작권자의 허락을 얻어, 본래 1권의 책인 《PEOPLE SKILLS》를 2권으로 분권해 출간함을 알려드립니다. (《로버트 볼튼 인간관계 수업 ①, ②》) 따라서 본문 중, '①권' 혹은 '②권'의 어느 부분을 참조하라는 메시지가 등장하며, 두 권의 책이 연결되어 있다는 점을 말씀드립니다. 다만, 각 권의 책을 따로 읽어도 내용을 이해하는 데에 전혀 문제가 없음을 알립니다.

| Contents |

PART 1 자기주장 기술

CHAPTER 1. 관계의 3가지 유형

듣기와 자기주장 - 의사소통의 음과 양 14
자기주장을 발전시키는 방법 16
개인 공간을 보호해야 할 필요성 17
적극적인 자기주장을 통한 자신의 세계 다지기 . . . 22
복종형 - 자기주장형 - 공격형 행동 24
3가지 반응 유형의 보상과 대가 34
스스로 선택하라 42
요약하자면… 43

CHAPTER 2. 자기주장 메시지를 만드는 3가지 요소

말을 통한 자기주장, 제3의 대안 46
3요소를 포함하는 자기주장 메시지 49
문제 상황을 해결하는 효과적인 방법과 비효과적인 방법
. . . . 50
3요소를 포함하는 자기주장 메시지 작성하기 . . . 52
자아 발견과 성장을 위한 여정 74
요약하자면… 76

CHAPTER 3. 밀어붙이기 - 밀어내기 현상에 대처하기

기습 공격 78
인간의 방어 성향 79
방어적 태도의 악순환 80
자기주장 6단계 82
요약하자면… 108

CHAPTER 4. 자기주장 방식은 다양하다

다양한 자기주장형 행동 110
자신의 영역을 지키는 다른 방법들 111
자신의 영향력을 적극적으로 표현하는 방법들 . . 129
비공식적인 자기주장 140
자기주장의 아우라 142
요약하자면… 142

PART 2 갈등 관리 기술

CHAPTER 5. 갈등 예방과 통제

갈등은 불가피하다 148
갈등은 분열시키거나 파멸시킨다 149
갈등의 이점 150
비생산적인 갈등에서 생산적인 갈등으로 153
내면의 갈등 줄이기 및 통제하기 155
조직 및 그룹 내 갈등 감소 및 통제하기 160
요약하자면… 163

CHAPTER 6. 갈등의 감정 요소 다루기

갈등 해소법 167
갈등 해소법 적용하기 177
갈등 해소법을 적용하는 4가지 경우 183
대화의 준비 186
싸움 평가하기 189
갈등 해소법으로 인해 예상되는 결과들 190
요약하자면… 193

CHAPTER 7. 협동 문제 해결법, 명쾌한 해결책 찾기

    갈등의 3가지 종류 196
    협동 문제 해결법 대신 사용하는 방법들 198
    협동 문제 해결법으로 '명쾌한 해결책' 찾기 . . . 204
    협동 문제 해결법 6단계 206
    협동 문제 해결법이 의미하는 것 218
    해결 과정에서 흔히 발생하는 함정 피하기 220
    협동 문제 해결법 적용하기 223
    요약하자면… 227

CHAPTER 8. 효과적인 의사소통을 위한 3가지 핵심요소

    의사소통에서 기술이 전부는 아니다 230
    진실함 232
    무소유적 사랑 237
    공감 247
    핵심 태도의 실행 252
    요약하자면… 254

맺음말 _ 대인관계 기술의 실제 활용법

    의사소통 기술 활용을 위한 구체적인 실천 약속 . . 256
    적절한 상황 찾기 257
    실패에 굴하지 않기 258
    상대방이 변화를 받아들이도록 준비시키기 . . . 259
    기술 훈련 259
    요약하자면… 260

Endnotes 261

로버트 볼튼 인간관계 수업① 그 사람은 왜 자꾸 내 말을 끊을까 CONTENTS

프롤로그 _ 진심을 말하는 방식이 때론 진심 자체보다 더 중요할 수 있다

PART 1 인간관계 수업을 시작하며

CHAPTER 1. 사람과 사람 사이에 다리를 놓는 기술
　　　대화, 인류 최고의 업적
　　　대부분의 대화는 실패한다
　　　외로움의 고통
　　　잃어버린 수많은 사랑
　　　직장에서 성공하기 위한 비결
　　　생사가 걸린 문제
　　　당신은 변할 수 있다
　　　당신은 변할 것이다!
　　　새로운 기술을 배우는 것이 내키지 않을 때
　　　인간관계를 만드는 4가지 기술
　　　요약하자면…

CHAPTER 2. 의사소통의 걸림돌
　　　의사소통에 매번 실패하는 사람들
　　　왜 의사소통 방해요소가 위험한가
　　　판단하기, 가장 큰 방해요소
　　　해결책 제시하기
　　　상대방의 관심사를 회피하는 것
　　　13번째 의사소통 방해요소, 지적하기
　　　죄의식, 자책, 후회
　　　요약하자면…

PART 2 듣기 기술

CHAPTER 3. 경청은 단순히 소리를 듣는 것 이상이다
　　　듣기의 중요성
　　　듣기란 무엇인가
　　　듣기 기술의 유형
　　　주목 기술
　　　후속 기술
　　　요약하자면…

CHAPTER 4. 반사하는 듣기의 4가지 기술
  바꿔 말하기
  감정 반사하기
  의미 반사하기
  요약해서 반사하기
  요약하자면…

CHAPTER 5. 반사 반응은 왜 효과적인가
  듣기의 유형과 구조
  의사소통의 6가지 특징
  의심은 행동을 통해 사라진다
  요약하자면…

CHAPTER 6. 신체언어 읽기
  신체언어의 중요성
  비언어적 행동들, 감정의 언어
  숨어 있는 감정의 '누출'
  신체언어를 '읽기' 위한 지침
  명료하면서도 난해한 언어
  요약하자면…

CHAPTER 7. 반사 기술 발전시키기
  더 잘 듣기 위한 지침
  반사적 듣기를 넘어서
  반사적 듣기를 해야 할 때
  반사적 듣기를 피해야 할 때
  듣기의 장단점
  요약하자면…

Endnotes

내가 나를 위해 행하지 않으면 누가 나를 위해 행하랴?
나만을 위해 행한다면, 나는 무엇인가?
지금 행하지 않으면 언제 행하려느냐?[1]

- 힐렐Hillel, 유대인 철학자

PART 1
자기주장 기술

CHAPTER 1

관계의 3가지 유형

열려 있는 정직한 대화. 긴장을 풀고 근심을 더는 법을 배우는 것. 당신의 욕구를 더 만족시켜주는 것. 인간관계를 더 돈독하게 하는 사회적 기술을 배우는 것. 당신의 긍정적이거나 부정적인 기분과 생각, 감정을 근심과 죄책감 없이, 그리고 다른 사람의 존엄성을 해치지 않으면서 언어적으로, 비언어적으로 표현할 줄 아는 것. 인생에서 자신에게 일어나는 일에 대해 책임지는 것. 더 많은 결단과 자유로운 선택을 하는 것. 자기 자신의 친구가 되고 자신의 존엄성과 자긍심을 지키는 것. 포기할 수 없는 어떤 권리와 가치 체계가 자신에게 있음을 깨닫는 것. 다른 사람한테 희생당하고 이용당하지 않고 자신을 지킬 줄 아는 것. 자기주장으로 인해 초래될 긍정적인 결과와 부정적인 결과를 분별하는 것.

본질적으로 이 모든 것들이 자기주장 훈련의 전부라고 우리는 믿는다. 그것은 다른 사람의 권리와 존엄을 짓밟는 공격 훈련이 아니다. 자신의 발전을 위해 타인을 조종하거나 속이는 것도 아니다. 오히려, 우리가 생각하는 자기주장 훈련의 핵심은 자신에 대한 존경, 타인에 대한 존경, 그리고 자신의 가치 체계에 대한 존경이다.[2]

- 셔윈 코틀러 Sherwin Cotler · 훌리오 게라 Julio Guerra 임상심리학자

| 듣기와 자기주장 – 의사소통의 음과 양 |

고대중국에서는 양극단의 성질을 가진 것을 언급할 때 '음'과 '양'이라는 용어를 썼는데, 이 둘은 정 반대의 성질이지만 서로 의존하는 관계이고 서로의 존재를 보완한다. ([그림1.1] 참조) 따라서 음과 양은 서로에게 필요하다. 음양을 연구하는 철학자들의 목표는 두 가지 원칙 사이에서 완벽한 균형을 유지하는 것이었다.

나는 듣기와 자기주장이 의사소통의 음과 양이라고 생각한다. 건강한 관계에는 자기주장과 듣기라는 두 가지 면이 존재한다. 양에 해당하는 자기주장은 다른 사람에게 자신의 기분과 자신에

[그림1.1] 음과 양을 상징하는 문양

게 필요한 것, 자신의 욕구 등을 드러내는 것이다. 음에 해당하는 듣기는 스트레스를 받거나 기쁜 일이 생긴 타인의 이야기를 이해하고 받아들이는 것이다. 어떤 경우에는 음이, 또 어떤 경우에는 양이 대화에 생기를 준다. 양과 음, 두 요소 중 어느 한 가지라도 부족한 사람은 아직 성숙하지 못한 사람이다. 또한 어떤 관계든 양 당사자 사이에 듣기와 자기주장이 빠져 있다면, 그 관계는 발전 가능성이 낮다고 할 수 있다.

《로버트 볼튼 인간관계 수업 ①》에서도 언급했지만 잘못된 듣기 태도가 우리 사회에 만연해 있고, 제대로 된 자기주장 또한 극히 드물다는 것은 안타까운 일이다. 흔히 소설에서 그려지는 장면처럼 엄마와 딸이 서로에게 특별히 가슴 아픈 순간에 마주했을 때, 엄마는 애달픈 목소리로 말한다. "정작 하고 싶은 말은 끝내 하지 못하는 법이야."[3]

| 자기주장을 발전시키는 방법 |

듣기 기술을 향상시키기 위한 구체적인 기술이 있듯이, 자기주장 기술을 발전시키기 위한 현실적인 방법도 있다. 1960년대부터 자기주장을 발전시킬 수 있는 방법에 대한 수많은 연구와 실험이 행해지고 있다. 이제 이 주제는 몰라보게 대중화되어 자기주장에 관한 책과 기사, 강연이 시중에 넘쳐나고 있다. 수많은 기관에서 자기주장에 관한 연수회를 열었고, 어떤 대학에서는 이 분야의 강의에 가장 많은 학생이 몰렸다는 보고도 있었다.

   자기주장 훈련(Assertion Training)의 가장 큰 장점은 효과가 뚜렷하다는 것이다. 예를 들면, 미주리대학에서 실시한 자기주장 훈련에서는 85퍼센트의 참가자들이 이 훈련으로 인해 자신들의 삶에 어떤 변화가 있었다고 대답했다. 훈련이 끝난 뒤 자기주장 기술을 6개월에서 18개월까지 유지하거나 더 발전시킬 수 있었다는 참가자도 비슷한 비율에 달했다.[4] 분명히, 여러 가지 자기주장 프로그램들은 질적인 면에서 상당한 변화가 있었다. 그렇다 하더라도 자기주장이 대체적으로 인기를 얻는 이유는 방법이 아주 실용적이기 때문이다. 대부분의 사람들은 그 기술을 즉시 실생활에 적용할 수 있었고, 조사 결과 그것을 사용한 뒤 성공한 확률도 아주 높았다.

이번 CHAPTER 1에서는 자기주장의 방어적인 면과 영향을 주는 면을 알아보고, 자기주장이 복종이나 공격과 어떤 차이가 있는지도 구별해서 설명할 것이다. 또한 일상생활에서 그 각각의 장점과 단점에 대해서도 살펴볼 것이다. 이번 CHAPTER에서 필수적인 요소를 확실하게 파악한 사람은, 자기주장을 통한 의사소통 기술을 더 쉽게 익힐 수 있을 것이다. 이에 관해서는 다음 CHAPTER 2에서 설명한다.

| 개인 공간을 보호해야 할 필요성 |

각 개인은 자기만의 고유 공간이 있는데, 여기에는 물리적 영역, 심리적 영역, 그리고 가치관의 영역이 있다. 그 공간은 넓이나 그 밖의 면에서 개인 차가 있다. 우리가 생활하는 공간 안에서 우리는 각자 개인의 특권을 누리지만, 개인 공간 바깥에서는 다른 사람의 권리도 인정하며 서로 맞춰 지내야 한다. 그런데 가끔(혹은 자주) 어떤 사람은 다른 사람의 사적인 영역을 짓밟거나 침해한다.

개인 공간 개념은 설명하지 않아도 모두들 알고 있을 것이다. 가장 쉽게 설명하는 방법은 영역의 개념이다. '영역'은 개인의 소유물 – 자신의 옷, 구체적인 가구류 등 – 도 포함하지만, 그 외에

물리적 공간도 있고 눈에 보이지 않는 영역도 있다. 시인 W. H. 오든w. H. Auden은 그의 영역에 대해 이렇게 읊었다.

> 코에서 30인치 앞은
> 내 인격의 국경이라서
> 그 사이의 흐트러진 공기도
> 내 제국이라네.
> 여보시오, 나를 유혹하지만 않는다면
> 와서 친하게 지내셔도 좋소.
> 하지만 함부로 내 영역에 들어오지는 마시오.
> 총은 못 쏘지만 대신 침을 뱉어줄 수는 있으니 말이오.[5]

독일의 사회학자 게오르크 짐멜Georg Simmel은 유명인사의 개인 공간은 보통사람보다 더 넓다고 주장했다. 그에 따르면, 보통사람들은 중요 인물을 대할 때 7.5미터 이상의 거리를 둠으로써 일반인들과 차이를 둔다고 한다.[6] 언론인 시어도어 화이트Theodore White가 쓴 《대통령 만들기 1960The Making of the President 1960》에는 거물급 인사의 개인 공간에 대해 흥미로운 사례가 나와 있다. 배경은 존 F. 케네디John F. Kennedy와 그의 측근들이 사용하던 어느 비밀 별장이다.

케네디는 가볍고 날렵한 걸음걸이로 별장 안으로 성큼성큼 걸어 들어왔다. 그러고는 젊은 사람답게 기운차고 유연하게 걸으며 주위에 서 있던 사람들에게 인사했다. 그런 다음 그들을 슬쩍 지나 별장의 계단을 내려가 구석에서 그를 기다리며 한담하고 있던 매부 서전트 슈라이버와 동생 바비에게 다가갔다. 주위에 있던 다른 사람들은 그를 맞이하기 위해 그쪽으로 몰려가기 시작했다. 그러다가 그들은 걸음을 멈췄다. 케네디가 있는 곳에서 9미터 정도 떨어진 곳이었다. 오랫동안 권력을 누려 온 나이 지긋한 사람들이었지만, 모두 한쪽에 서서 케네디를 바라보고 있었다. 케네디는 몇 분 후 그 사람들이 자신을 바라보고 있다는 것을 알아차리고는 매부에게 뭐라고 속삭였다. 그러자 슈라이버는 그들 사이를 갈라놓고 있는 공간으로 들어서서 그들에게 가까이 오라고 청했다. 먼저 애버렐 해리먼, 그리고 딕 헤일리, 그다음에 마이크 디살이 다가왔다. 그들은 한 사람씩 케네디에게 축하의 인사를 건넸는데, 모두 소개를 받기 전에는 그들 사이의 열린 공간으로 들어가려 하지 않았다. 왜냐하면 거기에는 케네디를 주위로부터 분리하는 원형의 띠가 있었고 그들은 자신들이 그의 후원자가 아니라 부하라는 것을 의식하고 있었기 때문이다. 케네디는 장차 미합중국의 대통령이 될 거물이었기 때문에 그들은 초대

를 받은 다음에야 앞으로 나아간 것이다.[7]

타인의 사적인 공간을 존중한다는 것은 타인과 적정한 공간적 거리뿐 아니라 적정한 감정적 거리를 유지한다는 뜻이다. 그것은 다른 사람들을 무시하는 발언을 하지 않고, 짜증나는 질문을 던지지 않고, 청하지 않은 조언은 하지 않고, 자기 마음대로 타인을 조종하지 않고, 자신의 애정으로 다른 사람을 숨막히게 하지 않고, 다른 사람들의 개성을 말살하지 않음으로써 그들의 심리적 또는 정서적 영역과 거리를 유지하는 것이다.

사적인 공간을 존중하는 것은 그 사람에게 자신의 가치관대로 살아갈 권리를 주는 것이다. 자신의 가치관을 남에게 강요하는 경우는 쉽게 찾아볼 수 있다. 교사들은 그들의 가치관을 학생들에게 강요하고, 코치는 선수들에게, 고용주는 직원들에게, 그리고 배우자는 서로에게 강요한다. 하지만 가치관 문제에서 상대방의 영역을 침해하지 않는 것은 대부분의 사람들에게 매우 어려운 일이다.

개인 공간을 구성하는 요소는 무수히 많지만 지금까지 내가 그 용어를 어떤 의미로 사용했는지는 어렴풋이 느낄 것이다. 한 문장으로 정리해보겠다. **"내 개인 공간을 존중하는 것은, 나의 물리적 영역과 소유물을 인정하는 것이며, 나 자신으로 존재하도록**

두는 것이다."

한창 이야기를 나누고 있는 사람들은 다른 사람이 침해할 수 없는 사회적 공간을 형성하고 있는 것이다. 그들의 사회적 공간을 존중하는 사람은 다양한 방식으로 그것을 보여준다. 그들 사이를 걸어가지 않고 돌아갈 것이고, 돌아갈 길이 없어 지나야 한다면 고개를 숙이고 갈 것이다. 그들이 열띤 토론을 벌이고 있다면 다른 사람들은 그들 이야기에 끼어들지 않을 것이며, 합류해도 괜찮겠다고 생각되면 함께 해도 되겠느냐고 먼저 물어볼 것이다.

다른 사람과 적당한 감정적 거리와 가치관의 거리를 유지하는 것은 쉽지 않다. 그래서 성인이 된 자녀들이 결혼을 한 다음에도 부모들은 젊은 부부의 사회적 공간을 침해하여 이제 걸음마를 시작한 결혼생활을 방해하는 경우가 많다.

부부 사이라도 한 사람의 사적인 공간과 결혼이라는 사회적 공간 사이의 관계를 파악하는 데는 노력이 필요하다. 서로의 물리적, 감정적 그리고 가치관의 '공간'을 침해하지 않고 살아가는 것이 건강한 관계다. 사랑하는 사이라 할지라도 당사자들은 별도의 생활공간을 유지해야 한다. 남편과 아내는 각자의 고유한 감정적 공간을 서로 인정해줘야 하고, 부모도 자식의 감정적 공간을 존중해야 한다.

우리는 불완전한 인간으로 가득 찬 세상에 살고 있다. 따라서 적극적으로 자신을 방어하지 않으면 분명히 의식적으로든 무의식적으로든 누군가가 우리의 공간을 침해할 것이다. 이는 충만한 삶을 살기 위한 필수 기술이다. 로이스 티몬스$_{\text{Lois Timmins}}$는 생활공간에 관한 개념을 아래와 같이 설명한다.

> 생활공간은 태어나면서부터 부여 받고, 결단력으로 유지되며, 나약함으로 빼앗긴다. 나는 나의 생활공간을 지키거나 빼앗기거나 둘 중 하나를 선택하게 된다. 나만의 생활공간이 있으면 나는 삶의 목적을 느끼며, 자신감, 확신, 만족감, 안정감, 충만감, 자제력, 건강함, 그리고 깨달음이 있는 삶을 영위하게 된다.[8]

| 적극적인 자기주장을 통한 자신의 세계 다지기 |

자신의 공간을 잘 지키는 것도 중요하지만, 지키는 것이 전부라면 그 사람은 쓸쓸하고 편협하며 외로운 존재가 될 것이다. 자기주장이 강한 사람은, 관계 발전에 도움이 되고 고귀한 일을 하며 창의적인 휴식을 누리며 자신이 헌신할 만한 가치 있는 삶의 방식을 즐긴다. 나는 '적극적'이라는 단어를 '공격적이지 않고 긍정적인 방식으로 자신의 외부 세계에 영향력을 행하는 태도'라고 설명한다.

영향을 주는 사람은 다른 사람을 향해 손을 내밀고 활력 있는 관계를 만들어간다. 또한 단체와 사회에도 영향을 미친다. 영향 미치기를 통해 자기주장을 하는 사람은 욕구를 만족시키고, 능력을 발휘하고, 진실하게 살고, 창의력을 활용하고, 평등을 기반으로 한 친밀한 관계를 쌓을 수 있다.

우리는 모두 심리적으로 사랑을 주고받고 싶은 욕구, 그래서 진지하고 끈끈한 관계를 맺고 싶은 욕구가 있다. 우리는 또한 자신을 가치 있는 목적에 바치고 싶어한다. 조지 버나드 쇼$_{George\ Bernard\ Shaw}$의 말대로 진정한 삶의 기쁨은, "인간의 위대함을 보여주는 것, 즉 자신이 숭고하다고 생각하는 목적에 헌신하는 것이다." 세상이 당신을 행복하게 만들어주기만 기다리기 것보다는 말이다.[9]

심리학자 에이브러햄 매슬로$_{Abraham\ Maslow}$의 평생에 걸친 연구에 의하면, 심리적으로 건강한 사람들은 자신의 인생을 아낌없이 산 사람들이었다. 매슬로는 그런 사람들을 '자아실현형 인간'이라 불렀으며, '그들을 한 사람도 예외 없이 그들 바깥의 어떤 목적에 전념한 사람들'이라는 결론을 내렸다.[10]

나는 적극적인 자기주장이 기회뿐 아니라 책임감이라는 생각도 든다. 우리는 부조리와 불의가 판치는 걱정스러운 사회에서 살고 있기 때문이다. 어느 누군가가 우리 사회의 불의로 인해 고통받는다면, 나도 어쩔 수 없이 그 영향을 받게 된다. 비록 내 영향력이 미미할지라도 나는 내가 속한 사회에 어떤 영향을 미쳐야 한다는 책임감을 느낀다.

| 복종형 – 자기주장형 – 공격형 행동 |

먼저 알아두어야 할 것은, 자기주장은 자신의 공간을 지키는 방식이자 다른 사람과 사회에 합리적으로 영향을 주는 방식이라는 것이다. 자기주장을 정의하기 위해 그것을 복종과 공격의 연속선상에 놓고 비교해보자. ([그림1.2] 참조) 쉽게 이해하기 위해, 아주 극단적인 형태의 복종과 공격을 설명해보겠다.

복종형 행동	자기주장형 행동	공격형 행동

[그림1.2] 복종형 – 자기주장형 – 공격형 연속체

‖ 복종형 행동 ‖

전형적인 복종형 인간은 자신의 욕구와 권리를 주장하지 않는다.*

*자기주장에 관한 대부분의 책은 '복종하는(submissive)'보다는 자기주장을 하지 않는(nonassertive)'이라는 단어를 사용한다. 자기주장을 하지 않는다는 것은 행동의 부재를 의미하는 다소 중립적인 의미이다. 하지만 복종적이라는 것은 어떤 행동을 선택했음을 의미한다. 그 사람은 관계의 한 가지 방식을 선택한 것이다. 그는 자신을 주장하지 않을 뿐 아니라 복종하는 것이다. 그래서 복종은 일반적으로 침략자와 공조 관계를 맺는다. 이런 관점은 지나치다고 볼 수도 있지만, 나는 이 두 단어를 구별할 필요가 있다고 본다.

그들은 자신의 진짜 기분과, 욕구, 가치관, 관심사를 표현하지 않는다. 자신의 욕구를 만족시키기 위한 길이 한 가지밖에 없더라도 그것을 말로 표현하는 일이 거의 없다.

다른 복종 유형의 사람은, 자신의 욕구를 표현하기는 하지만 숫기 없이 사과하는 듯한 말투로 하기 때문에 다른 사람들이 진지하게 받아들이지 않는다. 그들은 다음과 같은 말을 덧붙여서 효과를 반감시킨다. "하지만 저는 아무래도 좋아요." 또는 "그래도 당신 생각대로 하세요." 때때로 그들은 다른 사람들이 이해하지도 못할 정도로 메시지를 암호화해놓고도 스스로는 확실하게 말했다고 생각한다. 어깨를 으쓱한다거나 눈을 맞추지 않고 말하는 것, 지나치게 부드러운 어조, 망설이는 듯한 말투 등과 같은 비언어적 표현은, 자신의 요구사항을 제대로 전달하는 데 방해가 될 수 있다.

예를 들어, 한 프로젝트 팀장이 팀원의 진행상황을 제대로 파악하기 위해 팀원들에게 매주 실적 현황을 업데이트해 달라고 부탁했다. 그러던 중 한 팀원이 기한을 넘기자, 팀장은 그 팀원에게 문제를 지적하는 대신 본인이 직접 현황을 업데이트했고, 이후 두 번째 팀원이 늦게 제출했을 때도 똑같이 대응했고, 세 번째, 네 번째 팀원까지 같은 상황이 반복되었다. 결국 팀장은 본의 아니게 팀원들이 자신의 요청을 무시해도 된다는 잘못된 인식을 심어주었다.

위 팀장의 사례처럼 몇몇 사람은 습관적으로 타인이 자신을 이용하도록 유도한다. 그들은 자신이 맺고 있는 관계를 매우 불평등하게 만드는 행위, 상대방이 자신의 권리를 침해하고 욕구를 무시하는 행위를 조장한다.

복종적인 행동은 우리 사회에 무색할 만큼 만연해 있다. 토마스 모리어리티 Thomas Moriarity 는 '자기주장형 저항'의 정도를 측정하기 위해 몇 가지 실험을 했다. (이때 실험 대상이 된 사람들은 자신이 관찰 당한다는 사실을 모르는 상태였다.) 실험에서 대학생들은 다른 학생들이 듣고 있는 시끄러운 음악 소리 때문에 공부에 방해가 되는데도 소리를 줄여 달라는 말을 쉽게 하지 못했다. 시끄러운 소음을 내는 사람에게 자신의 요구사항을 말하지 못한 사람은

80퍼센트나 됐다. 나중에 그들은 소음 때문에 집중력이 떨어졌다고 했는데, 그런데도 그냥 견딘 것이다. 15퍼센트의 학생들은 음악 소리를 줄여 달라고 했지만 상대방이 요구에 응하지 않자 다시는 요구하지 않았다. 겨우 5퍼센트의 학생들만이 재차 말해서 자신의 요구사항을 관철시켰다.

성인을 포함한 다양한 연령집단에서, 그리고 수많은 상황에서도 비슷한 행태를 관찰할 수 있다. 일반적으로 자신의 권리를 지키거나 욕구를 만족시키기 위해 필요한 말을 전혀 하지 않는 사람들은 80퍼센트에 달했다. 그런 사람들을 가리켜 모리어티는 '자발적 희생자'라고 불렀다.[11] 이렇게 볼 때 복종적인 행동은 대다수 사람들의 생활방식이 되어버린 것 같다.

‖ 공격적 행동 ‖

'공격적'이라는 단어는 두 가지 의미를 가진 라틴어 aggredi(접근하다, 앞으로 나아가다)에서 파생하여 다소 혼란스러운 점이 있다. 이 단어는 상담이나 조언을 해주기 위해 다른 사람에게 접근하는 것을 의미하기도 하지만 다른 뜻으로 더 널리 쓰이며, 여기서도 나는 두 번째 뜻으로 사용하고 있다. '맞서서 움직이다' 또는 '해를 끼치려는 의도로 움직이다'라는 뜻이 그것이다.

공격적인 사람은 다른 사람에게 폐를 끼치면서까지 자신의 기분, 욕구, 생각을 표현하려 한다. 공격적인 사람은 '원한을 갖고 있는 것'처럼 보일 때가 많다. 그들은 큰소리로 얘기하고, 다른 사람을 매도하고, 무례하게 행동하고, 빈정대기도 한다. 서비스가 엉망이라며 상점 점원이나 식당 종업원을 호되게 꾸짖고, 부하들과 가족들에게 권위적으로 행동하고, 대화를 하더라도 자신에게 중요한 화제만 이야기한다.

또한 공격적인 사람은 다른 사람들을 제압하려는 경향이 있다. 그의 관점은 "내가 원하는 건 이거야. 네가 원하는 건 별로 중요하지 않거나 하나도 중요하지 않아." 브라질 빈민촌에서 가난에 허덕이며 살다가 나중에 감동적인 책을 쓴 까롤리나 마리아 데 헤수스Carolina Maria de Jesus라는 여성은 수많은 부자들의 공격성에 대한 분노를 이렇게 드러냈다. "다른 사람들을 마치 오렌지 짜내듯이 쥐어짜던 그 인간들의 탐욕은 정말 역겹다."[12]

‖ 자기주장형 행동 ‖

반대로 자기주장이 확고한 사람은 자신을 존중하고, 행복을 추구하며, 자신의 욕구를 만족시키면서, 자신의 권리와 개인 영역을 지킨다. 동시에 다른 사람을 학대하거나 지배하지도 않는 의사소통 방식을 활용한다. 자신이 원하는 바를 이루면서도 상대방의 사적인 영역은 침범하지 않는다. 진정한 자기주장은 자신의

개인적인 가치와 존엄성을 인정하면서 동시에 타인의 가치도 인정하는 것이다.[13]

어떤 사람을 가리켜 '자기주장이 너무 강하다'라고 평가할 때가 있다. 하지만 내가 보기에 그런 경우는 있을 수 없다. 자기주장형 행동은 자신과 타인의 권리를 함께 존중하는 것이고 그 상황에서 할 수 있는 적절한 행동인데, 자기주장이 너무 강하다는 것은 말이 되지 않는다.*

*자기주장 분야에 종사하는 지도자들은, 철학자들이 수 세기 동안 몰두했던 어떤 윤리적 문제를 깊이 있게 다루지 않았다. 수많은 사상가들이 제기했던 근본적인 윤리 문제는 '두 사람 이상의 이해가 분명히 충돌하는 상황을 어떻게 다룰 것인가' 하는 것이다. 이것은 우리가 이 책의 나머지 부분에서 살펴보게 될 문제이다.

자기주장 훈련의 한 가지 장점은, 윤리적·심리적 이론을 세세하게 논하지 않으면서 문외한들에게 행동을 바꾸게 하는 현실적인 방법을 가르쳐주는 것이다. 하지만 최악의 경우, 자기주장 훈련이 단지 다른 사람의 권리를 존중하라는 구두선에 그치고 공격에 맞서는 방법, 심지어는 일종의 공격법이 되어버릴 수도 있다. 이 책에서는 윤리적인 문제를 깊이 있게 다루지는 않겠지만, 나는 양 당사자의 권리를 보호하고 두 사람의 욕구를 모두 충족시켜줄 수 있는 강력하고 일관된 근거가 있을 것이라고 믿는다. 그것이 불가능하다면 그때는 갈등해소법과 건전한 윤리적 판단이 필요할 것이다.

‖ 대응의 3가지 유형 ‖

복종형 행동, 자기주장형 행동, 공격형 행동을 구분하기 위한 최상의 방법은, 특정 상황에서 각 유형의 반응이 어떤지 살펴보는 것이다.

다음의 상황과 반응들을 읽고, 각각의 반응이 기본적으로 복종형인지, 자기주장형인지, 공격형인지 분류해보라. 첫 번째 상황에 대해 나는 적절한 유형을 표시하였다. 이어지는 상황들에 대해 각각의 반응을 분류하면 된다.

【예시】

관객들로 꽉 찬 극장에서 당신 뒤에 앉은 사람들이 상당히 큰 소리로 계속 이야기하고 있다. 그들이 하는 이야기 때문에 영화 줄거리를 따라갈 수 없고 제대로 감상하기도 힘들다. 극장은 사람들로 꽉 차 있어서 다른 자리로 옮겨갈 수도 없다.

【반응A】 | ⦁복종형⦁ | 공격형 | 자기주장형

아무 말도 하지 않고 조용히 견딘다.

【반응B】 | 복종형 | ⦁공격형⦁ | 자기주장형

뒤를 돌아보며 호통친다.

"다른 사람은 안중에도 없나요? 당장 입 닥치지 않으면 극장

직원을 불러 여기서 끌고 나가게 하겠어요."

【반응C】   복종형   공격형   (자기주장형)

뒤를 돌아보고, 얘기하던 사람들을 똑바로 쳐다보며 이렇게 얘기한다.

"그렇게 계속 얘기하시니까 영화를 제대로 볼 수가 없네요."

【상황1】
어느 학교 교장선생님이 쓸데없는 방송을 너무 자주 해서 수업을 방해한다.

【반응A】   복종형   공격형   자기주장형

당신은 이렇게 말한다.

"제 수업 시간에 교장선생님이 스피커로 크게 방송을 하시니까 수업에 방해를 받아서 맥이 빠집니다."

【반응B】   복종형   공격형   자기주장형

당신은 화가 치밀고, 교장선생님이 왜 그렇게 눈치가 없는지 모르겠다고 생각한다. 하지만 속으로만 그렇게 생각할 뿐이다.

【반응C】   복종형   공격형   자기주장형

당신은 교장 선생님에게 이렇게 말한다.

"온종일 스피커에 대고 무슨 헛소리를 하고 있는 겁니까? 한

번에 정리해서 말할 수 없습니까?"

【상황2】

당신은 회사에서 집에 돌아오면 심신이 기진맥진한다. 그런데 집에 들어오자마자 아내는 자신이 그날 어떤 고생을 했는지 얘기하기 시작한다. 당신은 한숨 돌리면서 몇 분 동안이라도 다른 사람의 얘기를 듣지 않고 조용히 혼자만의 시간을 갖고 싶다.

| 【반응A】 | 복종형 | 공격형 | 자기주장형 |

당신은 아내의 말을 듣는 시늉을 하며 아내가 자신의 기분을 눈치채기를 바라면서 간간이 한눈을 판다. 오로지 이런 생각밖에 들지 않는다.

'아휴, 왜 자기 생각밖에 안 하는 거야. 날 좀 내버려두라고!'

| 【반응B】 | 복종형 | 공격형 | 자기주장형 |

당신은 아내의 말을 가로막으며 고함친다.

"당신은 내가 얼마나 스트레스에 받았는지 안 보이는 거야? 내가 지금 원하는 건 잠시동안 날 내버려두는 거야. 이게 너무 어려운 부탁인가?"

| 【반응C】 | 복종형 | 공격형 | 자기주장형 |

당신은 즉시 아내에게 자신이 무척 피곤하니 재충전의 시간이 필요하다고 얘기한다. 긴급한 일이 아니라면 저녁식사 시간까지 기다렸다가 그녀가 겪은 일을 들어보겠다고 얘기한다.

위의 예들은 마치 캐리커처처럼 너무 단순해 보일 것이다. 좀 더 쉽게 알아볼 수 있도록 다소 극단적으로 묘사했기 때문이다. 하지만 극단적으로 행동하는 사람이 많은 것도 사실이다.
나는 위의 반응을 다음과 같이 구분했다.

[상황1]	[상황2]
반응A - 자기주장형	반응A - 복종형
반응B - 복종형	반응B - 공격형
반응C - 공격형	반응C - 자기주장형

극한의 상황에서, 사람은 자신의 권리가 계속해서 짓밟히거나 욕구가 번번이 좌절되면 원한과 분노가 쌓인다. 복종적으로 행동하는 사람들은 평소에 엄청난 양의 분노를 쌓아두었다가 결국 그것을 터트린다. 복종적이었던 그 사람은 공격적인 폭발을 하더라도 다시 원래의 복종적인 행동방식으로 돌아간다.
비슷하게도 원래 공격적인 사람도 내부의 어떤 스트레스나 긴

장 때문에 복종적으로 되는 경우도 있다. 물론 일시적이겠지만. 복종적인 사람들이 그랬던 것처럼, 공격적인 사람도 그네를 타듯 한 쪽 극단에서 다른 쪽 극단으로 다시 옮겨 간다. 자기주장 기술이 각자의 욕구를 충족시키는 데 가장 적합한 방법이라는 것을 모르고 있기 때문이다.

당신의 유형은?

당신은 복종형, 자기주장형, 공격형 중 어디에 속하는지 잠깐 생각해보라. 어느 유형이 당신에게 가장 편안한가? 당신이 가장 의외의 행동을 취할 가능성이 많은 때는 언제, 그리고 누구와 함께 있을 때인가? 이 질문들에 답하면 앞으로의 학습 내용을 더 쉽게 이해하고 효과적으로 활용할 수 있다.

3가지 반응 유형의 보상과 대가

복종형 행동의 장점과 대가

복종적인 성격이 아닌 사람들은 이해하기 어려울 수도 있지만, 복종하는 태도에도 나름의 장점이 있다. 많은 사람들이 두려워하는 갈등 상황을 피하거나 늦추거나 감출 수 있기 때문이다.

게다가 복종적인 사람은 자기주장이 강하거나 공격적인 사람들보다 책임질 일이 훨씬 적어서, 무언가 잘못됐을 때도 그저 남의 의견을 따랐을 뿐 그 사람을 탓하는 경우는 드물다.

예를 들어, 애써 고른 영화가 별로였다고 해도 복종적인 사람은 비난받지 않는다. 어차피 물어봤을 때 "전 아무거나 좋아요. 당신이 골라주세요."라고 했을 테니까.

하지만 순응적인 태도가 가져오는 대가는 이런 장점들보다 훨씬 크다. 대부분의 순응적인 사람들은 인생의 진정한 즐거움을 놓친 채 살아가는데, 그저 남들 하는 대로 따라가기만 하기 때문이다. 자기 스스로 선택하지 않고 늘 다른 사람들의 뜻에 따르기만 하다 보니, 마치 수영장의 얕은 물가에만 머무르는 것처럼 타인과 깊이 있는 인간관계를 맺기 어렵다.

복종형 유형은 흔히 '이타적이다', '성격 좋다', '희생적이다'라는 칭찬을 받는다. 하지만 사실 이런 행동들은 대부분 다른 사람들에게 인정받기 위한 수단일 뿐이다.

복종적인 사람은 자신의 감정과 욕구를 계속 억누르다 보면, 몸과 마음에 여러 가지 문제가 생길 수 있다. 이런 순종적인 행동 때문에 편두통이 생기거나, 피부병, 위궤양이나 고혈압 같은 질병이 생기거나 더 악화될 수 있고, 심리적으로도 자존감이 낮아지고 불안이 심해지며 우울증에 시달리거나 자신을 지나치게 억누르는 등의 문제가 생길 수 있는데, 이는 또 다른 문제들을 불러올 수 있다. 대개, 더 순종적으로 행동하고 자신의 의견을 적극적으로 표현하지 않을수록, 이러한 문제들을 하나 이상 겪을 가능성이 더 커진다.

‖ 공격형 행동의 장점과 대가 ‖

공격형 인간은 다른 사람에게 폐가 되더라도 자신의 욕구를 만족시키려 하는 사람이다. 이 유형에 속하는 사람들의 비율은 꽤 높다. 이유가 뭘까? 부분적으로는 공격성이 자신들에게 이익이 되기 때문이다. 공격적 성향과 관련된 보상은 크게 세 가지로 나누어 볼 수 있다. 공격적인 사람들은 그들이 원하는 물질적인 욕구를 만족시키고 그것을 지킬 가능성이 크다. 그들은 자신과 자신의 공간을 보호할 줄 안다. 그리고 자신의 삶뿐 아니라 다른 사람의 삶도 통제하려 한다.

복종형과 마찬가지로, 공격적인 행동도 부정적인 결과를 초래할 수 있다. 그중 하나가 두려움이 커지는 것이다. 많은 사람은 강해서가 아니라 오히려 약하다고 느껴서 공격적으로 행동한다. 하지만 이런 태도는 오히려 적을 만들고, 결국 자신을 더 불안하고 취약하게 만든다.

공격적인 행동은 상대의 반발을 불러일으킬 수도 있다. 의사소통 기술 워크숍 참가자에게, 누군가가 권위적이거나 공격적으로 행동했을 때 어떻게 대응했는지 자주 묻는다. 공격적인 성향의 사람들은 저항하거나, 남을 탓하거나, 반항하거나, 방해하거나, 맞서 싸우거나, 동맹을 형성하거나, 거짓말을 하거나, 사실을 감추는 방식으로 반응한다고 대답했다. 이런 방식 때문에 공격적인 태도는 오히려 당사자에게 더 큰 문제를 가져다줄 수 있다.

앞서 언급했듯이, 공격적인 행동은 상대방을 비인간화 할 뿐만 아니라 공격하는 사람 자신에게도 부정적인 영향을 미친다. 인간은 본래 다른 인간을 사랑하고 사물을 활용하는 존재다. 하지만 공격적인 사람들은 오히려 사물을 소중히 여기고 사람을 도구처럼 이용하는 경향이 있다. 누군가를 이용하는 순간, 상대를 하나의 '사물'로 취급하는 것이다. 조지 바흐George Bach와 로널드 도이치Ronald Deutsch는 "누군가 다른 사람을 비인간화 하면, 결국 자신도 비인간화 된다."고 말했다.[14] 공격적인 행동을 할수록 인간성을 점점 잃게 되어, 결국 타인뿐만 아니라 자기 자신으로부터도 소외될 위험이 커진다.

마지막으로, 복종적인 행동과 마찬가지로 공격적인 행동도 건강에 심각한 해를 끼칠 수 있다. 심장마비와 뇌졸중의 주요 원인인 관상동맥 혈전증은 특히 공격적인 성향을 가진 사람들에게 두드러지게 나타난다. 몇몇 사람에게는 공격성과 관련된 감정적·신체적 부담이 두려움, 고립, 질병으로 이어지는 악순환을 초래하기도 한다.

‖ 자기주장형 행동의 장점과 대가 ‖

자신감 있는 사람들의 가장 두드러진 특징 중 하나는, 스스로에 대해 편안함을 느낀다는 점이다. 물론 자기주장을 형성하는 데 있어 자아존중감만이 전부는 아니지만, 심리치료사 허버트 펜스터하임Herbert Fensterheim이 말했듯이, "자신을 얼마나 표현하고 주장하느냐가 자존감의 수준을 결정한다."는 말에는 큰 의미가 담겨 있다.[15]

두 번째로, 자기주장은 건강하고 만족스러운 인간관계를 만드는 데 중요한 역할을 한다. 자기주장은 다른 사람에게 긍정적인 에너지를 발산하고, 자신에 대한 불안이나 자의식에 덜 신경 쓰며, 자기 보호나 통제에 얽매이지 않기 때문에 다른 사람을 더 많이 이해하고 사랑하게 해준다. 자기 스스로를 편안하게 받아들여 그로 인해 다른 사람들도 그와 함께 있는 것이 자연스럽고 편안하다.

밀도 높고 가장 온전한 친밀감이 자기주장을 펼치는 사람들 사이에서 존재하는데, 친밀함은 '내 깊은 열망, 희망, 두려움, 불안, 죄책감을 중요한 사람에게 반복적으로 표현할 수 있는 능력'

이라고 할 수 있다. 이런 방식의 표현이 바로 자기주장이다.

하지만 친밀함에는 종종 간과되기도 하는, 또 다른 중요한 요소가 있다. 하워드 클라인벨Howard Clinebell과 샬롯 클라인벨Charlotte Clinebell은 자신들의 책《친밀한 결혼Intimate Marriage》에서 친밀함을 "서로의 필요를 만족시키는 정도"라고 설명했다.[16] 건강한 상호 만족은 자기주장 유형에서만 이루어질 수 있다. 완벽한 결혼, 우정, 부모와 자식 간의 관계는 자기주장을 실천하는 삶에서 비롯된다.

또한 자기주장은 사람의 두려움과 불안을 크게 줄여준다. 연구에 따르면, 자기주장 반응을 배우면 특정 상황에서 경험했던 불안과 긴장이 약해진다는 결과를 도출했다. 사람들이 자기주장을 점점 더 강화할수록 자신의 필요를 충족시키고, 자기 자신의 울타리를 지키며, 상처를 받거나 통제 당할 것이라는 두려움 없이 타인에게 다가갈 수 있다.

자기주장의 가장 큰 장점 중 하나는, 자신의 삶을 살아가는 것이다. 다른 사람에게 원하는 것을 분명히 알리고 자신의 권리와 필요를 주장할 때, 인생에서 원하는 것을 얻을 확률이 높아진다. 우리는 자기주장은 결과지향적이라고 가르친다. 다른 사람들을 관찰해보고 제 경험을 통해, 지속적으로 자기주장을 하는 것이 복종적이거나 공격적인 행동보다 더 많은 사람의 필요를 충족시킨다고 믿게 되었다. 물론 효과적인 자기주장이 목표를 달성하지 못하는 경우도 있다. 하지만 대부분의 상황에서는 자기주장이 자신의 영역을 지키고 필요를 충족시키는 가장 적합하고 효과적이며 건설적인 방법이라고 생각한다.

자기주장으로 원하는 결과를 얻지 못하는 경우에도 우리는 여전히 더 나은 방식을 제시할 수 있다. 존 러스킨$_{John Ruskin}$이 "비열한 승리보다 고귀한 패배를 선택하는 것이 낫다."고 말한 것처럼 말이다.

자기주장은 많은 장점이 있지만, 그만큼 대가도 뒤따른다. 진정으로 자신을 표현하는 것이 때로는 고통스러운 경험으로 남을 수 있다. 관계에서 진정성은 기쁨과 친밀감을 선사하지만, 동시에 갈등을 일으키기도 한다. **일정 부분의 갈등이 평등한 관계를 구축하는 데 필요하다는 걸 알면서도 의견 충돌을 감수하려는 의지를 가져야 자기주장을 할 수 있다.** 또한, 자기주장은 중요한 관계가 상처받을 수 있다는 의미도 내포한다. 그런 상처받을 가능성 없이, 지속적인 사랑의 기쁨을 경험할 수는 없다. (진정성 없이 빠져드는 감정은 있을 수 있지만, 오래된 관계에서의 충만감은 느낄 수 없다.) 때때로 우리는 신뢰하는 친구에게서조차 상처를 받기도 하니까.

자기주장 훈련을 하다 보면, 자신의 기본적인 가치관을 다시 돌아보게 되는 경우가 많다. 사람들은 서로 충돌하는 가치를 새로운 관점에서 이해하려 애쓰는데, 예를 들어, 평소 '평화를 위해

서라면 무조건 참아야 한다'고 생각해 온 사람이 자기주장 훈련을 통해 이런 태도가 자신과 상대방 모두에게 좋지 않은 영향을 미친다는 것을 알게 되면, 자신의 가치관을 바꿔야 하는 힘든 과제와 마주하게 된다. 어린 시절부터 가져온 가치관을 다시 들여다보는 것은 많은 사람들에게 두려운 일이기 때문이다.

가장 힘든 부분은 아마 지나치게 복종적이거나 공격적으로 구는 습관에서 벗어나, 새롭고 건강한 방식으로 다른 사람들과 관계를 맺는 데 필요한 의지력일 것이다. 우리 모두 안 좋은 습관을 고치려고 애쓴 경험이 있다. 바꾸고 싶은 행동이 나의 정체성과도 맞고, 내 가치관이 그 변화가 꼭 필요하다고 생각해도, 오랫동안 굳어진 습관을 바꾸는 건 정말 어려운 일이다.

자기주장 훈련이 특별한 이유는, 이런 부정적인 요소들을 모두 다루면서 해결책을 제시한다는 점이다. 이 훈련을 통해 사람들은 자신의 의견을 표현했을 때 일어날 수 있는 일들을 더 현실적으로 바라보는 법을 배우게 된다. 또한 가치관과 관련된 여러 문제들을 새롭고 건설적인 시각으로 보게 되어 여러 학습 이론과 다양한 연구 결과들을 활용함으로써, 사람들이 더 풍요로운 삶을 살고 더 나은 관계를 맺어가면서 나쁜 습관들을 고칠 수 있도록 도움을 준다.

| 스스로 선택하라 |

자기주장 훈련의 가장 중요한 목표는, 사람들이 자신의 삶을 책임지게 하는 것이다. 이 훈련은 틀에 박힌 사고방식을 뜯어고치고 습관적인 행동 또는 충동적인 행동에서 벗어나도록 도와준다.

자라온 환경 때문에 어떤 사람들은 무의식적으로 복종적인 행동을 하고, 반대로 어떤 사람들은 공격적인 행동을 한다. 하지만 어떤 구체적인 상황에서 대부분의 사람들은 비슷한 반응을 보인다. 자기주장 훈련의 진정한 목표는, 각각의 개인들이 효과적인 행동을 선택하도록 도와주는 것이지, 모든 상황에서 일률적으로 자기주장을 내세우게 하는 것이 아니다.

우리의 삶에는 남의 의견을 따르거나 강하게 맞서야 할 때가 있기 마련이다. 때로 양보하는 게 더 현명할 수 있고, 어떤 때는 자신의 권리를 적극적으로 지켜야 할 상황이 올 수도 있다. 오늘은 내가 원하는 대로 하고, 내일은 내 욕심은 잠시 접어두고 다른 사람의 입장을 먼저 생각해야 할 수도 있는 것처럼 말이다. 이렇게 상황에 따라 수동적이 되거나 적극적이 될 수는 있지만, 대부분의 경우에 이 두 가지 극단 사이에서 적절한 자기주장을 하는 것이 가장 바람직하다고 나는 생각한다.

| 요약하자면… |

듣기와 자기주장은 의사소통의 양과 음 - 인간관계에서 서로 반대되면서 상호보완적이고 상호의존적인 두 가지 성질 - 이다. 듣기 능력을 발전시키는 기술이 있듯이 자기주장을 발전시키는 기술도 있다.

모든 사람에게는 각자 지켜야 할 개인 공간이 있다. 마찬가지로 우리들 각자는 다른 사람과 세상에 대해 영향을 미치고 싶은 심리적 욕구가 있다. 자기주장 훈련은 자신의 개인 공간을 지키면서 다른 사람에게 영향을 줄 수 있는 발전적인 방법이다.

자기주장을 이해하려면 이것을 복종적인 행동이나 공격적인 행동과 구별해야 한다. 관계 맺기의 이 세 가지 방식에는 각각 장단점이 있다. 자기주장 훈련의 목표는 자신의 인생을 스스로 책임지게 만드는 것이다. 이 훈련은 반복되는 잘못된 행동이나 틀에 박힌 행동을 탈피하여 자신이 처한 상황에서 올바로 대응하도록 도와준다. 다음 CHAPTER에서는 자기주장을 가장 효과적으로 실천하는 방법에 초점을 맞출 것이다.

‖ CHAPTER 2 ‖
자기주장 메시지를 만드는 3가지 요소

다른 사람들이 당신을 귀찮게 한다면, 그것은 당신이 그 사람들을 그렇게 하도록 내버려두었기 때문이다.[17]

-데이비드 시버리 David Seabury, 심리학자

CHAPTER 1에서 나는 보호적 자기주장(개인적/감정적 공간을 지키기 위한 경계 설정)과 능동적 자기주장(개인적 공간을 넘어서 세상에 영향을 미치는 것) 사이의 차이점을 설명했다. CHAPTER 2와 CHAPTER 3에서는 자신의 영역을 효과적으로 지키는 구체적인 방법을 다루고, 이어지는 CHAPTER 4에서는 여러분의 자기주장 능력을 한층 더 발전시킬 수 있는 다양한 방법들을 살펴볼 것이다.

이 책에서 자신의 영역을 지키는 방법을 두 CHAPTER에 걸쳐 자세히 다루는 이유가 있는데, 대부분의 사람들은 자신의 영역을 지키지 못하고 남의 의견에 쉽게 끌려 다니거나, 반대로 너무 공격적으로 대응하는 경향이 있기 때문이다. 하지만 여러분은 충분히 자신의 영역을 현명하게 지켜낼 수 있다. 이를 위한 가장 효과적인 자기주장 방법 중 하나는, 다음 세 가지 요소를 포함한 메시지를 활용하는 것이다.

- 상대방의 잘못된 행동을 비난하지 않고 묘사하기
- 자신의 기분 표현하기
- 상대방의 행동이 미치는 영향을 구체적이고 명료하게 설명하기

메시지를 구성하는 과정에서 자기주장을 하는 사람은 자신에 대해 많은 것을 배우며 덤으로 자아탐색 여정까지 하고 있다는 것을 알게 될 것이다.

| 말로 하는 자기주장, 제3의 대안 |

지구상에 있는 모든 생명체는 침략과 공격으로부터 자신의 공간과 생명을 지켜야 하는 문제를 안고 있다. 또한 모든 생명체는 자신을 보호하기 위한 대응 방식을 물려받는다.

싸움이나 도망은 인간 외의 다른 종들, 특히 척추동물이 가장 흔히 쓰는 대응 방법이다. 이런 반응은 거의 자동적이고 하등동물들에게는 생존을 위해 미리 프로그램 되어 있는 중요한 행동이다. 인간도 때로는 공공연하게 때로는 위장된 방식으로 이런 방법을 쓴다. 하지만 다른 종들과는 달리, 우리 인간에게는 자신의 공간을 지킬 제3의 대안이 있다. 인간을 다른 종들과 구분하게 하는 가장 중요한 이 특징은, 진화하면서 생긴 '새로운' 언어 능력과 문제 해결 능력이 있는 뇌이다.

초기 인류에게서 전해 내려온 싸움이나 도망이라는 전략은, 굳이 분류하자면 공격과 복종에 해당한다. 오늘날에도 가끔 이런 방식을 써야 할 때가 있지만 항상 옳은 것은 아니다. 이런 방식을 무조건 회피하는 것도, 과도하게 사용하는 것도 옳지 않다는 말이다. 심리학자 스미스$_{\text{Manuel Smith}}$ 박사는 이렇게 주장한다.

> 내가 치료하는 환자들은 자기 기분에 따라 다른 사람들에게 자주 화를 내고 공격적인 태도를 보인다. 또는 항상 두려움에 사로잡혀 있으며, 다른 사람 앞에서 움츠러들고, 언쟁에서 거의 매번 지고, 기가 꺾인 채 우울하게 지낸다. 정신과 상담을 받는 사람들은 대부분 여러 가지 형태의 싸움이나 도망에 너무 많이 의지하는 습관 때문에 도움이 필요한 사람들이다.[18]

우리는 생존을 위해 싸우거나 도망치는 능력도 물려받았지만, 그런 방법에 얽매어 있지 않은 동물은 지구상에서 오직 인간뿐이다. 인간만이 상대방과 이해관계에 차이가 있을 때 대화를 통해 그것을 해결할 수 있다.

이 제3의 대안을 활용할 때 가장 중요하고 어려운 점은, 언어를 정확하고 효과적으로 사용하는 것이다.[19] **자기주장을 할 때는 성급하게 말하거나 두서없이 말하는 것이 아닌, 정확성이 필요하다.** 보통 때도 사람들은 자신의 의사를 정확하게 표현하기 어려운 때가 있다. 그런데 자기주장을 해야 하는 경우라면, 보통 화가 나거나 절망스럽거나 또는 걱정거리가 있을 때인데, 그런 감정적인 스트레스가 있는 상황에서 자신의 의도를 정확하고 간결하게 전달하는 것은 훨씬 더 어렵다.

우리는 살면서 형성된 습관대로 공격적이 되거나 반대로 순순히 따르는 모습을 보이기 쉽다. 특히 다른 사람이 우리의 경계를 침범했다고 느낄 때는, 감정이 앞서면서 차분히 말하기가 어려워지곤 한다. 스트레스를 받으면 생체리듬을 관할하는 뇌 영역은 사고를 관할하는 뇌 영역의 기능을 집중적으로 방해하고, 불쾌한 감정이 지속되는 동안 다량의 피가 뇌에서 빠져나가 골격근으로 몰리는데, 그 결과 언어와 문제 해결을 관장하는 뇌의 활동이 위축되기 때문이다.

하지만 정확하게 말하는 것이 어려울 뿐이지, 완전히 불가능한 것은 아니다. 이런 상황에서 세 가지 요소로 구성된 자기주장 메시지를 활용하면 도움이 된다.

| 3요소를 포함하는 자기주장 메시지 |

다른 사람이 나의 신체적, 감정적, 또는 심리적 영역을 침해할 때, 나는 그 행동을 멈추도록 단호하게 표현한다.

효과적인 자기주장의 특징은, 지배하지 않되 확고하다는 것이다. 그렇기 때문에 3요소를 포함하는 자기주장 메시지에는 정답이 없다. 어떻게 해야 내 공간에서 그를 가장 효과적으로 퇴출시킬 것인지는 상대방에게 달려 있다. 그 메시지를 받은 사람은 보통 자신의 자존심을 지키면서 나의 요구를 충족시킬 만한 해결책을 찾아낸다.

내 공간을 침해하는 사람의 행동을 고쳐야 할 때는 다음 조건을 만족시켜야 한다. 세 부분으로 이루어진 단호한 메시지는, 먼저 상대방의 문제 행동을 설명하고, 그 행동이 내 삶에 어떤 영향을 주는지, 그리고 그로 인해 내가 어떻게 느끼는지를 말하는 방식이다. 자기주장이 성공하기 위해서는 메시지의 각 요소를 신중하게 구성해야 한다.

자기주장을 배운 지 얼마 되지 않은 사람들은 다음의 공식을 이용하면 좀 더 효과적인 메시지를 보낼 수 있다. **"당신이 [문제 행동을 객관적으로 설명할] 때, 나는 [내 감정을 표현하게] 돼요. 왜냐하면 [그 행동이 내 삶에 미치는 영향] 때문이에요."** 이 자기주장 메시지의 세 부분은, 하고 싶은 말을 한 문장에 모두 담되 최대한 간결하게 표현한 것이다. 예를 들어보자. 어떤 가정에서 두 아이가 항상 간식을 만들어 먹고 나서는 부엌을 치우지 않았다. 그러자 어머니는 이런 메시지를 보냈다.

행동 : 너희들이 간식을 만들어 먹고 부엌을 치우지 않아서

+

기분 : 화가 많이 난다.

+

결과 : 왜냐하면 내 일이 더 많아지니까.

| 문제 상황을 해결하는 효과적인 방법과 비효과적인 방법 |

우리는 3요소를 포함하는 자기주장 메시지를 가르칠 때, 참가자

들에게 최근에 그들이 문제 상황을 다룬 방식과 자기주장 기술을 배운 후에 다룰 방식을 비교해보게 한다. 이 기술을 배우기 전에는 사실상 전원이 '상대방에게 창피를 주고 비난하거나 ①권 CHAPTER 2에서 설명한 의사소통 방해요소를 사용했다. 토마스 고든 Thomas Gordon 박사의 통계도 비슷하다. "우리 교육생 100명 중 99명 정도가 자녀들의 행동이 거슬릴 때 비효과적인 의사소통 방식을 사용했습니다."[20]

워크숍에 참여했던 리즈의 경험담을 살펴보자. 리즈의 9살 아들 브래드는 최소 일주일에 한 번은 어지러운 방에서 자기 신발을 찾는다고 학교에 지각을 한다. 리즈 역시 이러한 상황으로 회사에 지각해야 하기 때문에 짜증이 난 그녀는 아들에게 이렇게 말했다. "왜 이렇게 엄마를 못 살게 구니? 네가 간수만 제대로 했어도 찾을 수 있잖아. 네 방이 저렇게 엉망으로 어질러져 있는데 엄마가 어떻게 찾겠니. 당장 찾아내지 않으면 혼날 줄 알아."

당시의 일을 회상하면서 리즈는 이렇게 말했다. "그 상황에서 저는 훈계, 판단, 위협이라는 의사소통 방해요소를 사용했어요. 그러는 동안 시간은 흘렀고, 우리 두 사람의 욕구는 충족되지 않았지요. 게다가 아들과 실랑이 하느라 신발도 제시간에 못 찾았고 문제만 더 생겼지 뭐예요. 아들이 학교버스를 놓친 겁니다. 저는 마음이 더 급해졌어요. 브래드는 시무룩한 얼굴로 학교에 갔고, 저는 그 일로 온종일 기분이 엉망이었어요."

그러고 나서 리즈는 수업에서 배운 기술을 토대로, 그날 브래드와 어떻게 대화했어야 했는지를 설명했다. "먼저 저는 아들을 야단치지 않아야 했습니다. 우리 둘 다 시간이 없었으니까요. 이런 식으로 얘기하는 것이 옳았겠죠. 넌 네 방을 찾아봐라. 나는 아래층을 찾아볼 테니.' 그리고 아이가 학교에서 돌아온 후에는 '브래드, 오늘 아침 일로 너랑 얘기를 좀 하고 싶구나. 네가 아침에 신발을 찾고 있으면, 엄마는 회사에 늦지 않으려고 허겁지겁 서둘러야 하기 때문에 몹시 화가 난단다.'라고 얘기했어야겠지요. 며칠 지나지 않아서 똑같은 일이 벌어졌는데, 그때 리즈는 수업시간에 자신이 세운 계획대로 실천했다. 나중에 그녀가 수업시간에 말했다. "효과 만점이었어요. 신발을 못 찾고 허둥대는 일이 전에는 일주일에 한 번꼴로 일어났는데, 그후로 넉 달이 지나는 동안 한 번밖에 일어나지 않았거든요."

| 3요소를 포함하는 자기주장 메시지 작성하기 |

3요소를 포함하는 자기주장 메시지를 기억하는 것은 식은 죽 먹기처럼 보일 것이다. 하지만 실제로 해보면 상당한 시간이 필요

한, 만만치 않은 작업이라는 것을 실감하게 된다. 그러면 메시지의 각 요소를 좀 더 자세히 살펴보자.

‖ ① 객관적인 행동 묘사 ‖

자신의 요구를 제대로 전달하려면, 바뀌어야 할 행동을 정확하고 객관적으로 설명해야 한다. 그렇지 않으면 상대방이 무엇을 고쳐야 하는지 제대로 이해하지 못할 수 있다.

사람들은 대개 상대방이 어떤 행동이 잘못되었는지를 모를 수도 있다는 것을 믿기 어렵다는 반응을 보인다. 그 사람들은 이렇게 말한다. "말도 안 돼요. 그 사람은 자기 행동이 저를 괴롭힌다는 것을 알고 있어요. 단지 그것을 고칠 생각이 없는 것뿐이에요." 물론 때로는 문제를 야기한 당사자가 자신의 행동이 다른 사람들에게 부정적인 영향을 준다는 것을 알고 있을 수도 있다. 그런 경우에도 잘 준비한 자기주장 메시지는 그런 행동을 반복하지 않도록 해줄 것이다.

하지만 문제를 일으킨 당사자가 자신의 행동이 타인에게 불편을 준다는 사실을 알고 있다고 굳게 믿던 사람들도 자기주장 메시지를 보낸 후에 자신이 오해하고 있었음을 깨닫는 경우도 많다. 그들은 남의 공간을 침해하고 스트레스를 준 장본인이 자신이라는 사실을 전혀 모르고 있었다는 것을 알고 깜짝 놀란다. 그리고 그의 행동이 자신을 방해했다는 사실을 말해주었더니 그 사람이 이렇게 말했다는 것이다. "그랬군요. 전 그게 당신을 언짢게 하는 줄 몰랐어요." 또는 "생각해보니 전에도 이 일에 관해 당신이 얘기하려고 했던 것 같네요. 어쨌든 이제야 확실히 알았어요."

사적인 공간을 지키려면 상대방의 어떤 행동이 당신의 공간을 침해하는지를 그 사람에게 설명해야 하는데, 이것을 정확하게 설명하는 사람은 흔치 않다. 이때 다음과 같은 지침이 도움이 될 것이다.

먼저, 애매하게 말하지 말고 상대방의 행동을 구체적으로 묘사하라. 당신의 자기주장 메시지가 구체적이지 않고 모호하다면, 상대방은 당신이 정확히 의미하는 바를 이해하지 못한다. 자기주장 메시지가 상대방의 행동을 정확하게 묘사하지 않는다면, 목적을 달성하기 어렵다.

행동의 구체적인 묘사	행동의 애매한 묘사
· 네가 학교 가기 전에 집 앞에 쌓인 눈을 치우지 않으니까……	· 네가 집안일을 잘 돕지 않으니까……
· 자네가 이번주만 해도 세 번이나 지각을 하니까……	· 자네가 회사 방침을 무시하니까……

【상황】: 남편과 아내는 아침에 회사에 갈 때 함께 차를 타고 출근한다.

행동의 구체적인 묘사	행동의 애매한 묘사
· 당신이 7시 30분까지 출발할 준비를 끝내지 않으니까……	· 당신이 아침마다 출근 준비하는 데 꾸물거리니까……

위의 세 가지 예에서, 왼쪽처럼 얘기한다면 듣는 사람은 자신이 어떤 행동을 고쳐야 하는지 정확하게 알 수 있다. 하지만 오른쪽에 있는 예를 보면, 말하는 사람의 머릿속에는 구체적인 행동이 들어 있을지 몰라도 메시지에는 그것이 정확하게 나타나 있지 않다. 이 경우, 그 말을 듣는 사람은 어떤 행동이 잘못된 것인지 쉽게 알아차리기 힘들다.

둘째, 행동만 묘사하라. 상대방의 동기, 태도, 성격 등을 추측해 말하지 말라는 것이다.[21] 사람들은 다른 사람의 행동을 묘사할 때, 상대방의 실제 행동보다는 상대방이 어떤 의도로 했을 것인지를 짐작해서 말하는 경우가 많다. 다음 페이지 사례에서 왼쪽은 단순히 행동만 묘사한 것이고 오른쪽은 추측해서 말한 것인데, 둘을 비교해보라.

【상황】: 저는 협의회 의장입니다.

행동 묘사	추론
· 만약 당신이 앞으로 발표하는 세 사람이 끝내기 전에 방해한다면……	· 당신이 회의에서 그렇게 무례하게 행동하니까……

【상황】: 저는 새로 온 팀장입니다.

행동 묘사	추론
· 저의 발표력에 대한 피드백을 주기 전에 자리를 뜬다면, 당신은 동의하는 것으로 간주할게요.	· 회의가 끝날 때까지 자리를 지키지 않다니, 저에 대한 배려가 없네요.

왼쪽에 적힌 행동은 눈으로 관찰한 것을 바탕으로 한 것이다. 청각과 시각이 정상적인 사람이라면 누구나 그 행동을 똑같이 설명했을 것이다.

오른쪽에 있는 행동은 상대방의 머릿속에서 일어난 생각들을 추측해서 말한 것이다. 그 사람이 보고서를 내지도 않고 회의가 끝나기 20분 전에 자리를 뜬 것은 사실이지만, 그것만 봐서는 그가 지루해서 자리를 떴는지, 화가 나서 그랬는지, 다른 중요한 약속이 있어서 혹은 몸이 좋지 않아서 그랬는지, 아니면 다른 이유가 있었는지 확실히 알 수 없다. 상대방이 무슨 생각을 하고 있는지 우리가 하는 추측은 틀릴 가능성이 크기 때문에 그런 추측은 자기주장의 효과를 떨어뜨린다.

설령 우리가 맞게 추측을 했다고 해도 상대방은 그것을 인정하지 않을 것이다. 자기주장 이론에 의하면, 개인의 감정은 그 사람의 개인 공간에 속하므로 우리는 다른 사람의 기분을 간섭할 권리가 없다. 하지만 우리의 영역을 침범하는 다른 사람의 행동에 대해서는 변화를 요구할 수 있다.

셋째, 행동을 묘사할 때 옳고 그름을 판단하지 말고 객관적으로 묘사해야 한다. 자기주장 메시지는 상대방의 행동이 부도덕하다거나, 어리석다거나, 버릇이 없다거나, 잘못된 것이라는 뜻을 내포해서는 안 된다. 그러므로 '저의가 있는 말, 풍자, 빈정거림, 일반화, 절대화, 과장 또는 모욕적인 말'을 사용하지 않아야 한다.

사실 대인관계에 악영향을 끼치는 '공격적인' 요소와 '평가' 요소를 피하는 것이 건전한 자기주장 메시지의 특징이다.

또한 자기주장 메시지는 인격 모독을 하지 않는다.

행동 묘사	인격 모독
· 당신은 5시가 되기도 전에 퇴근하는군요.	· 제멋대로인 여주인공마냥 왔다 갔다 하면서……
· 미팅에서 반복적으로 다른 사람보다 발언을 많이 하니까……	· 다른 사람이 잠시라도 틈을 보이면, 당신은 관심을 차지하려 하는군요.

자기주장 메시지는 어떤 사실을 절대화하는 것도 경계한다. '절대', '항상', '끊임없이'와 같은 단어를 쓰지 않는다는 뜻이다.

행동 묘사	절대화
· 당신이 나를 데리러 오는 시간이 늦으니까……	· 당신은 절대 제시간에 맞춰 오는 법이 없으니……
· 제 말이 끝나기 전에 당신이 끼어드니까……	· 당신이 끊임없이 내 말을 가로막으니까……
· 당신이 한낮에 내 차를 막은 상태로 주차해놓으니까……	· 당신이 항상 내 차를 막은 상태로 주차를 해놓으니까……

객관적인 태도를 유지하려고 애쓸 때조차도 우리는 무의식중

에 은근한 판단과 암시의 말을 할지 모른다.

사람들은 보통 이런 식으로 얘기한다. "저는 확고하고, 당신은 완고하고, 그 사람은 옹고집이죠.", "저는 명석하고, 당신은 날카롭고, 그 사람은 사기꾼 기질이 있어요." 어떤 행동을 객관적으로 설명하려 한 후에는, 미묘하게 판단하는 단어가 포함되지 않았는지 꼼꼼히 살펴보아야 한다.

행동 묘사	은근 슬쩍 들어가는 주관적인 표현들
· 차 키를 같은 장소에 두지 않으니까……	· 내가 차 키를 못 찾게 숨겨놓으니까……
· 당신은 노는 데 더 많은 돈을 쓰니까……	· 친구들이랑 나가 노느라 돈을 다 탕진하니까……

자신들이 보낼 메시지에 공격적인 요소나 비난하는 요소를 일부러 집어넣으려는 사람도 있다. 그러면 우리는 이렇게 묻는다. "당신은 자기주장 메시지를 통해 상대방의 행동을 고쳐서 관계를 유지하고 싶나요, 아니면 그럴 가능성이 낮더라도 기분 상하게 하는 말을 해서 그 사람과 멀어지고 싶나요?" 가끔 공격적인 방법을 택하는 사람도 있다.

어쨌든 이 기술의 목적은 사람들에게 어떻게 행동하라고 가르치는 것이 아니라 공격적인 행동, 자기주장형 행동, 복종형 행동을 구분하고, 각 행동 유형에서 발생할 수 있는 결과를 어느 정도 정확하게 예측하도록 도와주는 것이다.

넷째, 행동은 되도록 간결하게 묘사해야 한다. 자기주장 메시지는 고쳐야 할 행동을 정확하게 묘사하는 것으로 족하다. 많은 사람들이 자기주장을 하면서 쓸데없는 말을 덧붙인다. 나는 자기주장을 할 때 상대방이 나의 요구사항을 한 번에 명확하게 이해할 수 있도록 가능한 한 군더더기 없이 말한다. 어떤 사람들은 자기주장을 할 때 그것과 관계없는 정보를 덧붙이지만, 나는 핵심만 남을 때까지 쓸데없는 말을 쳐낸다. 어떤 사람들은 한 번의 자기주장 안에 여러가지 행동을 동시에 뭉뚱그려 이야기하지만, 나는 한 번에 한 가지 행동에 집중한다.

간결한 묘사	장황한 묘사
· 네가 저녁 식사 시간에 자주 늦으니까……	· 네가 축구 시합에 정신이 빠져 식구들은 잊어버리고 더러운 옷을 입고 집에 늦게 오니까……

오른쪽에 있는 내용을 보면 부모는 어떤 행동을 바꾸고 싶어

하는 것일까? 축구를 하지 말라는 것인가, 아니면 아이가 가족을 더 중요하게 여겼으면 하는 것인가? 식사시간에 맞춰 집에 들어오는 것이 중요한가, 아니면 깨끗한 차림으로 들어오는 것이 더 중요한가? 이처럼 자기주장 메시지에서 필요 없는 말을 생략하는 것은 할 말을 하는 것만큼이나 중요하다. 핵심 주장에 불필요한 내용을 덧붙이지 마라. 부차적인 문제나 설명도 제외해야 한다. 자기주장 메시지는 사소한 문제와 설명은 빼고 한 문장으로 압축해야 한다.

다섯째, 진짜 문제를 언급해야 한다. 많은 사람들은 자신들을 괴롭히는 진짜 문제가 아니라 가짜 문제를 붙들고 옥신각신한다.

상대방과의 관계에서 중심이 되는 문제를 가지고 씨름하는 것이 두렵기 때문에 그보다 사소한 문제들을 걸고 넘어지는 것이다. 예를 들어, 어떤 남편이 자신이 정말 걱정하는 것은 부부가 함께 시간을 보내는 것인데, 그 문제는 제쳐두고 아내가 직장에서 시간을 쏟는다고 불평한다. 그러면 부인이 자신의 행동을 고치고 가정에서 좀 더 시간을 할애한다고 해도 여전히 아내가 남편과 시간을 보낼 수 없다면 남편의 가장 큰 불만거리는 사라지지 않는다.

반대편의 극단적인 예를 보자. 많은 사람들은 일상에서 부딪히는 사소한 일에 대해 자기주장을 하는 일을 내켜 하지 않는다.

대신 이렇게 말한다. "별로 중요하지도 않은 일에 그렇게 '옹졸'하고 '까다롭게' 굴고 싶지 않아요." 때때로 우리는 다른 사람의 행동에 더 관대해지기도 하지만, 우리 마음 깊은 곳에서는 가끔 짜증이 쌓이기도 한다.

사소한 일이 우리 인생에 큰 방해요소가 되는 경우는 흔하다. 어떤 사람이 대서양 연안에서 태평양 연안까지 걸어서 아메리카 대륙을 횡단했다. 그 장정이 끝났을 때 그를 취재한 보도진 중 한 명이 이렇게 물었다. "횡단하는 동안 가장 어려운 곳이 어디였습니까? 로키산맥이나, 뜨거운 사막이었습니까, 아니면 시카고 같이 사람들이 많은 번잡한 도시였나요?" "전혀 아닙니다. 가장 큰 골칫거리는 제 신발에 들어있던 모래알갱이였습니다."

인간관계에서도 작은 일은 보기보다 심각하다. 헤이즌 워너 Hazen Werner는 이렇게 주장한다. "대부분의 결혼생활은 거대한 폭풍에 난파되어 깨지는 것이 아니라, 끊임없이 생채기를 만드는 자갈 때문에 피폐해진다. (중략) 사소한 갈등과 일상 속의 하찮고 짜증스러운 일들이 원인인 것이다."[22] 조셉 사바스 Joseph Sabath 판사는 10만 건의 이혼을 조사한 뒤 이렇게 말했다. "그들 결혼생활의 치명적인 사유는 심각한 문제나 가정폭력이 아니라, 끊임없이 반복되는 수천 가지 형태의 모욕적인 행동과 거짓말이다." 부모-자식, 상사-부하직원, 친구 관계, 동료 관계도 마찬가지다. 자기주장을 통해 적절히 대응하지 않으면, 사소해 보이는 행동이 나중에는 해결할 수 없을 정도로 심각한 문제가 되는 것이다.

외출하려는데 차 키를 못 찾거나, 방 문을 닫고 있어도 누군가가 오디오를 크게 틀어 놓아 독서에 집중할 수 없을 때, 더러운 접시와 음식 포장지가 집안 여기저기 어질러져 있어 결국은 당신이 그것들을 치워야 될 때, 당신은 개인 공간이 침해 받았다고 느낄 것이다. 하지만 안타깝게도, 많은 사람들이 마음속으로 이렇게 말한다. "이건 너무 하찮은 일이야. 이런 일로 짜증내면 안 돼." 이렇게 말할 수도 있다. "이런 일 가지고 그 사람과 티격태격하고 싶지 않아."

수천 명을 대상으로 자기주장 훈련을 하고 나서 내린 결론은, 반복되는 작은 문제가 감정 세계에서는 중대한 문제로 커질 가능성이 크다는 것이다. 일상에서 일어나는 사소한 일에서 자신들의 욕구가 충족되지 않으면, 적의가 쌓이고 타인에 대한 관용도 점차 사라지며 인간관계에서 얻는 즐거움도 느끼지 못하게 되어 정작 큰 문제가 생겼을 때 그것을 풀기가 훨씬 더 어려워진다.

배우자나 친구, 자식으로부터 '사랑'을 원하거나 상사나 부하로부터 '존중'을 원할 때에도 부적절한 자기주장이 일어날 수 있다. 그는 상대방이 정말로 자신을 사랑한다면 그렇게 행동하지 않았을 거라는 생각에 화가 난다. 그래서 그 행동을 바꾸려고 자기주장을 시도하지만, 우리가 정말로 원하는 것은 상대방이 주는 사랑과 존경에 대한 확신이기 때문에 여전히 만족하지 않을 것이다. '그(녀)가 나를 사랑한다면 그(녀)의 행동을 바꾸려는 나의 자기주장도 필요 없을 텐데……'라는 식으로 생각하는 것이다. 자신이 사랑받고 존경받는다는 확신이 진짜 목적일 때, 행동을 고치라는 요구는 항상 무위로 끝나게 마련이다.

여섯째, 반드시 그 당사자에게 자기주장을 해야 한다. 엉뚱한 사람에게 시비를 거는 것은 빗나간 자기주장이라 할 수 있다. 직장에서 갈등이 생겼는데 집에서 화를 내거나, 직장에서 문제가 생겼을 때 상관에게 항의해야 하는데 부하직원에게 트집을 잡아 닦달하는 사람이 있다. 어떤 사람들은 여러 사람에게 해야 될 자기주장을 한 사람을 희생양 삼아 집중 공격하기도 한다. 여러분들은 틀림없이 부당하게 한 학생만 불러내 야단친 선생님을 본 적이 있을 것이다. 엉뚱한 사람에게 자기주장을 하는 것은 문제의 해결책이 아니다. 부당하게 당한 그 사람과의 인간관계가 훼손될 뿐 아니라 그렇지 않은 나머지 사람들과도 어색한 관계가 될 것이다.

‖ ② 감정 표현하기 ‖

자기주장 메시지의 3요소 중 두 번째는, 상대방의 행동이 자신에게 끼친 영향에 대해 느낀 바를 표현하는 것이다. 예를 들어, 한 부부가 친척에게 몇 천 달러를 단기간 빌려주었다. 이 돈은 한 달 후 출시될 꿈에 그리던 자동차의 계약금으로 모아둔 것이었고, 그 친척은 부부가 돈을 필요로 하기 전에 갚기로 약속했다. 하지만 친척이 약속한 상환 기일을 한 번도 아닌 두 번이나 어기자, 부부는 그 사람을 마주하고 이렇게 말했다. "당신이 약속한 날짜에 돈을 갚지 않을 때마다 우리는 화가 납니다." 진심에서 우러난 감정 표현은 그 주장이 자기주장 메시지를 보내는 사람에게 얼마나 중요한지를 확실하게 드러내준다. 다른 사람의 행동으로 인해 당신이 괴로움을 당했을 때 이런 식으로 자기주장 메시지를 보내면, 감정을 표현하는 것이 상대방의 행동을 자발적으로 바꾸게 하는 데 얼마나 크게 기여하는지 실감할 수 있을 것이다.

현대 심리학에서 자기주장 훈련의 시초는 앤드루 솔터Andrew Salter의 혁신적인 방법과 그의 유명한 저서《조건반사 치료법Reflex Therapy》이라 할 수 있다.[23] 솔터의 가장 큰 공헌은 감정의 직접적 표현을 중시한 것이다.

자기주장 훈련 전문가 중에서도 선구자라 할 수 있는 솔터는, 이 훈련에 참가하는 보통 사람들이 자신의 감정을 알아내고 표현하는 데 어려움을 느낀다는 것을 알게 되었다.

감정을 표현할 때 사람들이 부딪히는 문제는 보통 세 가지다.

우선, 그들은 진짜 감정을 숨기고 다른 감정으로 표현한다. 어떤 사람들은 자신의 진짜 감정이 공포일 때 화를 낸다. 예컨대, 어떤 아이가 고함을 질러 부모를 놀라게 했을 때, 그 부모들은 무서웠다는 말은 하지 않고 버럭 화를 낸다. 하지만 그들을 분노로 이끈 감정은 두려움이다. 우리는 이런 현상을 '1차 감정을 2차 감정이 대체했다'고 한다. 어떤 감정을 다른 감정이 대체하는 현상은, 효과적인 자기주장을 위해서 극복해야 할 문제다. 다행히 대부분의 사람들은 스스로 이렇게 물어보면서 그런 현상을 극복한다. "다른 사람의 행동으로 인해 부정적인 영향을 받을 때, 내가 처음 경험하는 기분은 어떤 것인가?" 먼저 드는 감정이 주된 감정, 즉 자기주장 메시지에 들어갈 감정일 가능성이 크다.

자신의 주된 감정이 무엇인지 알아차리는 다른 방법은, 자신의 감정 대체 유형을 알아내는 것이다. 예를 들어, 상처받았거나 슬플 때 화를 내는 경향이 있다면, 다음에 화가 났을 때 실제로는 상처를 받았거나 슬픈 기분에 빠진 건 아닌지 생각해보라. 또는 화를 내야 될 상황에서 우는 경향이 있다면, 슬픔을 가슴속에서 분출할 때 혹시 당신을 화나게 한 일이 있는지 돌이켜보라.

사람들은 또한 자신이 경험하고 있는 감정의 정도를 정확하게 표현하지 못한다. 조금 언짢을 뿐인데 "화나 죽겠어."라고 하거나 분노가 끓고 있는데도 "짜증스럽군!" 하고 말하는 경우가 드물지 않다.

 자기주장을 할 때는 몇 가지 단어 중에서 자기 내면의 감정을 가장 잘 나타내는 단계의 단어를 골라 정확히 표현해야 한다. 그 예로, '초조하다', '걱정된다', '염려스럽다', '망연자실한 기분이다' 같은 단어들에서 적당한 표현을 골라 쓰는 것이다. 감정을 전달할 때 단어를 신중하게 선택하는 것도 중요하지만, 부사를 함께 쓰는 것도 유용하다. '조금 걱정된다'고 할 수도 있고 걱정의 정도가 클 때는 '무척 걱정스럽다'고 할 수도 있다.

 자기주장 메시지에서 감정을 제대로 표현하는 유일한 방법은, 그것을 솔직하게 드러내는 것이다. 효과가 더 클 것이라고 생각하여 감정을 과장하는 사람도 있다. 하지만 그런 속임수는 권하고 싶지 않다. 또한 그런 행위는 의도했던 것과 정반대의 결과를 가져오기도 한다. 진실한 감정 표현에 반응하던 사람들도, 과장된 감정 표현은 불신하고 그런 유형의 메시지에 반응하지 않는다. 반대로 자신의 감정을 축소시켜 표현하면 잘못된 행동을 고칠 수 있는 중요한 자료가 상대방에게 제대로 전달되지 않기 때문에 자기주장 효과가 상당히 떨어진다.

 자기주장 메시지의 감정 표현에서 생길 수 있는 또 다른 문제는, 비판이 내포된 단어를 습관적으로 사용하는 것이다. 자신의 감정을 드러내기보다는 상대방의 인격을 비방하는 데 무게를 두고 단어를 선택하는 경우가 그것이다. 다음과 같은 식으로 자기 주장 메시지를 보냈다고 하자. "이 좁은 사무실에서 큰 소리로 전화를 하니까, 일에 집중할 수 없어 제가 학대받고 있는 것 같아요." 이 메시지에서 감정이 들어간 단어를 바꿔 쓰면 이렇게 다듬을 수 있다. "이 좁은 공간에서, 큰 목소리로 통화하니 제 일에 집중하기 힘들어서 기분이 안 좋아요."

사람들은 흔히 이렇게 묻는다. "어떻게 해야 제 기분을 알 수 있습니까?" 여기에 도움되는 세 가지 방법이 있다. 우선, 왜곡하거나 검열하지 말고 자신의 감정에 귀를 기울여야 한다. 감정이 소용돌이 칠 때는 심호흡을 하면서 자신의 내면을 들여다봐야 한다. "지금 나는 _____ 감정을 느끼는데, 그 이유는 _____ 하기 때문이다."

자신의 감정을 잘 알아차리는 두 번째 방법은, 신체가 보내는 신호에 주의를 기울이는 것이다. 당신이 두통이나 근육통에 시달린다면 당신의 몸이 어떤 감정을 호소하고 있을 가능성이 크다. 근육이 긴장되어 있다면 당신의 감정은 의사전달의 1차 통로인 당신의 몸을 통해 뭔가를 얘기하고 싶은 것이다. 내가 몸에 귀를 기울이기 시작했을 때, 나는 내 몸이 내게 얘기한다는 사실에 처음 놀랐고, 감정 상태에 대해 일관되게 얘기한다는 사실에 다시 한 번 놀랐다. 때때로 나는 감지한 신호를 외면한 채 몇 주간 방치

하기도 했다. 하지만 내 몸은 메시지를 계속 전달했고, 그것에 반응한 후에야 감정으로 풍부해진 삶을 다시 살아갈 수 있게 되었다. 하지만, 자기 몸의 메시지를 너무 오랫동안 무시하면 메시지를 듣는 능력이 쇠퇴한다.

감정을 알아차리기 위한 세 번째 방법은, 자신이 경험하고 있는 진짜 기분을 표현하는 것이다. 감정을 있는 그대로 인정하고, 그것에 관해 다른 사람들과 이야기하거나, 웃음, 울음, 소리 지르기 등을 통해 표현해보는 것이다. 감정을 거리낌없이 표현할수록 자신의 감정을 더 민감하게 알아차릴 수 있다.

③ 실제로 미치는 영향을 확실하게 말하기

자기주장의 3요소가 효과를 발휘하는 가장 큰 이유는, 상대방의 행동이 나와 나의 사적인 영역에 어떤 영향을 주는지 명확하게 보여주기 때문이다. 내 공간을 침해하고 있는 상대방이 자신의 행동 때문에 내 삶에 부정적 영향을 준다는 것을 인정하는지 여부에 따라 자기주장의 효과는 달라진다. '구체적인 또는 명백한 영향'이 있다는 것을 깨닫게 되면, 사람들은 대부분 자신의 행동이 잘못됐다는 것을 쉽게 수긍한다.[24] 여기서 구체적이거나 명백한 영향이란, 어떤 사람에게 불필요하게 금전적 손해를 끼치거나, 그의 소유물을 훼손하거나, 효율적으로 작업하는 것을 방해하는 것을 말한다. 이런 결과는 상대방에게 물질적인 면에서 부정적인 영향을 미쳤다고 할 수 있다. 자기주장 메시지에 구체적이고 명백한 영향을 제대로 언급한다면, 상대방은 대부분 자신의 행동을 바꾼다.

자기주장에 나타난 명백한 영향의 예를 몇 가지 살펴보자. 이것은 우리 교육 과정 참가자들이 작성한 것이다.

	행동 묘사	감정 표현	명백한 영향
금전적 손실	· 네가 내 차를 쓰고 기름을 채워놓지 않으니까……	· 억울하다는 생각이 든다.	· 내 돈을 들여서 기름을 채워 넣어야 하기 때문이다.
소유물 훼손	· 당신이 내 연장을 빌려 가서 밖에 내놓고 비를 맞히니까……	· 기분이 언짢다.	· 그것들이 녹이 슬어서 제대로 작동하지 않으니까.
시간 낭비	· 퇴근 후에 당신이 나를 데리러 올 때 자주 늦으니까……	· 짜증나요.	· 당신을 기다리는 동안 내 시간을 낭비하게 되니까요.
일을 효과적으로 하는 것을 방해함	· 당신이 업무시간에 저한테 전화해서 오랫동안 이야기하니까……	· 초조해져요.	· 계획했던 기간까지 제 일을 끝내지 못하게 될 수 있거든요.
할 일이 많아짐	· 세탁할 옷을 당신이 바구니에 넣어 놓지 않으니까……	· 짜증나요.	· 세탁할 때 내 일이 많아지니까요.

자기주장 메시지에서 이 부분을 작성할 때 사람들이 자주 부딪히는 문제는 네 가지가 있다.

첫째, 그들은 이런 물질적인 영향이 다른 행동들과 비교했을 때 그다지 심각하지 않다고 여긴다. 한 학부모가 내게 이런 말을 했다. "물론 도구들을 밖에 놔두어 비를 맞게 한 것에 화가 나긴 합니다. 하지만 정말 속상한 건 아들이 대부분의 시간 동안 저를 무례하게 대한다는 거예요." 자기주장 훈련을 받는 다른 많은 사람들처럼, 이 부모님도 사소하거나 부차적인 문제에 대해서는 굳이 주장하고 싶어 하지 않았다. 눈에 보이는 실질적인 문제가 가치관의 문제보다 덜 중요해 보일 수 있다.

하지만 이런 구체적인 문제들을 지적하는 주장이 오히려 관계의 보이지 않는 부분에도 긍정적인 영향을 미친다는 것을 알게 되었다. 도구를 제자리에 두는 것도 아들이 부모를 '더 예의 있게 대하는' 한 가지 방법이 되는 것이다. 게다가 부모의 주장에 아들이 긍정적으로 반응하면서 부모의 요구가 받아들여지기 시작하면 부모가 가졌던 불만이 줄어들게 되고, 이는 결국 부모와 자녀의 관계를 더욱 돈독하게 만든다.

자기주장 메시지를 보낼 때 발생하는 두 번째 문제는, 사람들에게 강한 감정은 많지만 구체적인 영향은 없는 점이다. 한 부모가 십대 자녀에게 "네가 고급 레스토랑에 갈 때 찢어진 청바지를 입으면, 나는 짜증이 나고[감정] 화가 난다[또 다른 감정].''라고 말했다. 이런 종류의 메시지는 흔히 전달자가 자신의 가치관을 상대방에게 강요하려는 시도이며, 따라서 상대방의 영역을 침범하는 것이다. 한 사람이 가치관의 문제로 다른 사람의 행동을 바꾸려고 할 때, 그들은 종종 주장하기보다는 상대방을 공격하는 결과를 낳는다.[25]

우리 교육 시간 중에 주로 드러나는 부모-자식 간의 갈등은, 아이들이 방을 지저분하게 하는 것에 대한 짜증과 분노가 주를 이룬다. 대다수의 부모는 깔끔함, 정리정돈, 그리고 옷이나 다른 물건들을 깨끗하게 치우는 것을 중요시한다. 반대로 많은 아이들은 재밌게 노는 것, 교우관계, 친구와 보내는 시간, 스포츠를 즐기는 것, 이런 가치를 부모가 중요시하는 가치보다 훨씬 하위에 두곤 한다. 이런 가치관 문제를 판단하는 데 가장 명쾌한 질문은 이것이다. "아이들 방은 누구의 공간인가?"

우리 가족은 우리 나름의 방식에 만족하며 아이들 방은 그들의 공간이므로 우리는 아이들이 자기들 방을 어떻게 쓰든 상관하지 않는다. 하지만 거실, 식당, 주방 등 공동으로 쓰는 공간에서는 정리정돈과 아름다움을 중요시하는 우리 가족의 가치관을 적용하고 있다.

세 번째 어려움은 자기주장 내용을 문장으로 작성할 수 없을

때가 있는데, 그것은 어떤 사람의 영향이 자신이 아니라 제3자에게 미칠 때이다. 하지만 중요한 것은 당신에게 미치는 영향이다. 제3자를 대신해서 자기주장을 하지 말고, 그 사람이 스스로 하게 하라. 누군가가 당신의 공간을 침해하지 않는다면, 그에게는 타당한 자기주장의 3요소를 말할 수 없다.

자기주장 메시지에서 나타나는 마지막 문제는, 사람들이 가끔 진짜 영향을 말하지 않고 다른 이유를 댄다는 것이다.

리처드와 재키는 신혼부부였다. 재키는 매주 금요일 퇴근 후에 술집에 들러 몇 시간 동안 친구들과 술을 마셨다. 리처드는 재키의 그런 행동이 싫어서 이런 메시지를 보냈다. "당신이 술집에서 늦게까지 술을 마시면 난 짜증이 나. 왜냐하면 당신 없이 저녁식사를 혼자 해야 하거든." 나중에 리처드는 내게 이렇게 털어놨다. "그 메시지는 정확한 게 아니었으니 그건 분명히 잘못된 자기주장이었어요. 제가 화가 난 건 혼자 저녁식사를 해서가 아니라, 금요일엔 우리가 데이트를 하곤 했는데 지금은 거의 못하니까요. 제가 보낸 메시지로 혼란만 더 가중시켰죠."

명백한 영향을 바탕으로 자기주장을 하라고 강조하는 이유는, 그것이 매우 중요하기 때문이기도 하지만 많은 사람들이 그것을 간과하고 있기 때문이다. 어떤 자기주장은 분류하기가 애매한 것도 있다. 어떤 사람은 그 영향이 명백하다고 생각하는데, 다른 사람들은 그렇지 않다고 생각하는 것이다. 하지만 그런 상황에서도 대부분의 사람들은 자신의 행동이 다른 사람의 삶에 영향을 미쳤다는 것은 수긍할 것이다. 여기에 '애매한 영역'에 속하는 행동과 영향의 예가 몇 가지 있다.

행동 묘사	감정 표현	영향
・네가 나랑 계획을 세워 놓고 마지막에 취소해버리니까……	・짜증이 난다.	・다른 친구들과 다시 계획을 짜기에는 너무 늦었기 때문이다.
・내가 TV를 보고 있을 때 네가 큰소리로 떠드니까……	・기분이 언짢다.	・보고 있는 프로그램에 집중할 수 없기 때문이다.
・7월 마지막 2주 동안 휴가를 같이 보내자는 제안에 네가 대답을 해주지 않으니까……	・답답하다.	・여름휴가 계획을 세울 수 없기 때문이다.

| 자아 발견과 성장을 위한 여정 |

우리 프로그램의 강사와 교육생들이 똑같이 매료되는 것 중 하나가, 자기주장 메시지를 작성하면서 자아 발견의 가치를 깨닫는다

는 점이다. 자신의 심리적 경계선을 발견하고 소통하면서, 우리는 자신에 대해 많은 것을 배우게 된다.

아마도 가장 중요한 깨달음을 얻는 때는 다른 사람의 행동이 자신의 삶에 구체적으로 어떤 영향을 미치는지 표현할 때일 것이다. 대부분의 사람들은 자신의 영역을 지키는 법을 배우면서 상대방의 영역에 대해 더 민감해지며, 상대방의 신체적·심리적 영역 또한 폭넓게 용인하게 된다. 누군가 말한 것처럼, "자기주장 메시지를 작성하는 것을 배우면서 나는 더 나다워질 수 있었고, 동시에 다른 사람들을 더 그들답게 살아가게 해주었다."

자기주장 메시지를 작성할 때 동반되는 자아 발견 항해는 흥미롭고도 유익하다. 동시에 그것은 매우 어려운 것일 수도 있다. 상대방의 행동을 정확하게 묘사할 때까지 적당한 단어를 찾는 것이 고된 과정이기 때문이다. 자신의 감정을 정확히 알아내는 것도 힘들고, 스트레스를 받고 있는 상황에서 자신의 감정을 다른 사람에게 드러냄으로써 비판에 노출시키는 것은 훨씬 더 어려운 일이다. 자신이 작성한 메시지가 전혀 명백한 영향이 아니고 오히려 다른 사람의 영역을 침해하는 것이라는 사실을 깨닫는 것 또한 실망스러운 경험이다.

다행스럽게도, 자기주장 메시지의 세 가지 요소를 활용하면 상대방의 바람직하지 않은 행동을 변화시킬 가능성이 크다. 또한,

진정으로 자기주장이 확고한 사람과의 관계는 더 강력하고, 보다 평등하며, 더욱 만족스러운 경우가 많다. 실제로, 이렇게 자기주장을 실천하는 사람 대부분은 이러한 자기 발견과 성장의 과정이 충분히 노력할 만한 가치가 있다고 말했다.

| 요약하자면… |

사실상 모든 생명체는 다양한 전술을 이용해 자신의 영역을 지키려 한다. 그 전술들은 기본적으로 싸우기 아니면 도망치기이다. 오직 인간에게만 제3의 대안 – 언어를 통한 자기주장 – 이 있다.

다른 사람과 충돌했을 때, 효과적인 해결책도 있고 비효과적인 해결책도 있다. 가장 효과적인 방법은 3요소를 포함하는 자기주장 메시지로서, 3요소란 비난하지 않고 상대방 행동 묘사하기, 자신의 기분 표현하기, 그리고 상대방의 행동이 자신에게 끼친 명백한 영향 설명하기이다. 다른 사람의 행동을 바꾸기 위해 이런 메시지를 작성하는 과정에서 우리는 자기 자신에 대해 많은 것을 배우게 된다.

‖ CHAPTER 3 ‖
밀어붙이기-밀어내기 현상에 대처하기

대화의 위기가 발생하는 이유는, 양 당사자가 서로 허심탄회하게 얘기하지 않고 자기 합리화를 위해 방어적인 태도로 자기 안에 숨어버리기 때문이다.[26]

-로웰 하우 Lowell Howe

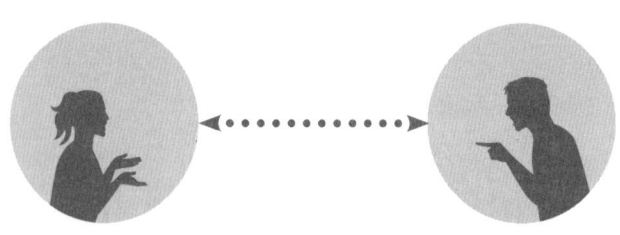

| 기습 공격 |

다음과 같은 상황을 생각해보라.

   누군가가 명백하게 불쾌한 영향을 끼치며 당신의 개인 영역을 침해했다. 당신은 거의 매번 참아 왔지만, 이번에는 앞에서 배운 대로 자기주장 메시지를 보낸다. 비꼬거나 기를 죽이거나 비난하거나 과장하는 말은 전혀 쓰지 않는다. 머릿속에서 메시지를 작성하면서 부정적인 감정은 배출해버렸기 때문에, 그리고 상대방은 결국 당신이 바라는 대로 행동을 고칠 것이라고 믿기 때문에, 당신의 목소리와 몸짓은 친근하다. 그런데 이렇게 최대한 존중하는 태도로 자기주장을 하더라도 상대방은 모욕을 당한 것처럼 당신에게 욕설을 퍼부을 수가 있다.

자기주장을 배우기 시작하는 사람들은 이런 반응에 얼떨떨할 것이다. 이는 기습 공격이나 마찬가지다. 하지만 이것도 충분히 예상할 수 있는 반응이다. 보통 사람들은 다른 사람의 자기주장에 대해 대개 방어적으로 대응하기 때문이다.

| 인간의 방어 성향 |

방어심리는 어느 인간관계에나 잠재되어 있는 중요한 요소인데,[27] 이는 자신이 공격당했다고 느낄 때 정신적으로 자신을 보호하고자 하는 방법이다. 상대방은 자기주장 메시지를 공격으로 받아들일 수 있기 때문에, 자기주장 메시지를 전달할 때는 상대가 방어적일 수 있다고 예상해야 한다.

자기주장과 그에 대한 방어적 반응을 우리는 '밀어붙이기-밀어내기 현상'이라 부른다. 자기주장 메시지를 받았을 때, 사람들은 그것을 일종의 밀어붙이기로 받아들인다. 그래서 사적인 영역에서 나가 달라는 의도일 뿐인데도 상대방은 그 주장을 밀어붙이기로 인식하고 밀어붙이기에 대항하고자 어쩔 수 없이 '밀어내기'를 한다.

자기주장 메시지를 아무리 신중하게 보낸다 해도 사람들은 기분 좋게 받아들이지 않는다. 자신이 다른 사람의 영역을 침범하고 부정적인 영향을 끼쳤다는 말을 듣고 누가 좋아하겠는가? 마음이 언짢을 수밖에 없을 것이다. 그렇기 때문에 아무리 세심하게 준비한 자기주장 메시지도 상대방으로부터 방어적인 반응을 촉발할 수 있다. 우리는 교육생에게 이렇게 주의를 준다. "여러분들이 아무리 잘 구성된 자기주장 메시지를 보내는 경우라도, 상대방이 방어적으로 대응하거나 공격할 수 있다는 걸 예상하고 있어야 합니다."

| **방어적 태도의 악순환** |

사회심리학자인 잭 깁Jack Gibb 박사는 8년간 다양한 환경에서의 대화를 녹음하면서 방어심리에 대해 연구했다. 그 결과 대화하다가 한 사람이 방어적인 태도를 보이면 상대방도 방어적인 태도가 발동한다는 것을 알게 됐다.[28] 그러면 대화가 진행됨에 따라 방어적 태도가 나선형으로 증가하며 양 당사자의 공격성과 파괴성을 강화한다.

이 나선형은 어떤 사람이 다른 사람에게 자기주장을 할 때 거의 필연적으로 나타난다. 누군가 자기주장을 하면 그 대상이 되는 사람은 대단히 방어적인 태도를 보이기 십상이다. 그는 상대방 자기주장의 실제 내용을 상당히 왜곡해서 듣는 경우가 많으며, 그래서 적의를 띠고 대응한다. 처음 자기주장을 한 사람도 이런 대응에 방어심리가 작동하여 흥분한 어조로 맞받아친다. 상호 맞비난의 악순환이 시작되는 것이다.

얼마 전에 나는, 어떤 대화에서 방어적 태도가 점점 증가하여 자기주장이 본론에서 벗어나는 과정을 목격했다. 그 대화는 이렇게 진행되었다.

제이제이 : 당신이 내 연장들을 쓰고 밖에 내버려두니까, 기분이 언짢아요. 그것들이 녹슬잖아요.

헨리 : 집안일을 당신이 끝내면 내가 그 빌어먹을 연장을 쓸 필요가 없잖아.

제이제이 : 이번 주에는 시간이 없었다는 걸 당신도 잘 알잖아요. 날마다 회사 일을 집에까지 가져와서 밤 늦게까지 하는 거 몰라요?

헨리 : (냉소적으로) 그러면서 지난 몇 주간 집에서 일하는 대신 골프 치러 갈 시간은 있었나 보네.

제이제이 : 그래도 난 TV로 골프 중계를 보진 않아요. 그건 정말 시간 낭비라구요.

이것은 1회전에 불과하다. 그 언쟁은 얼마 안 가 훨씬 격렬해졌다. 제이제이는 이렇게 말했다. "그 싸움의 후유증은 오래갔어요. 상황은 점점 나빠졌고 어이없게도 우리 둘 다 그 싸움이 어떻게 시작되었는지조차 기억하지 못했어요. 지금 내가 배운 걸 그때 알았더라면 상황이 이렇게 통제 불능이 되지는 않았을 텐데 말이에요."

| **자기주장 6단계** |

단순히 3요소 자기주장 메시지만으로 당신이 원하는 결과를 얻기는 힘들다. 예상되는 상대방의 방어적인 대응에는, 6단계 자기주장을 준비해 적용하면 된다.
(1) 준비 (2) 메시지 보내기 (3) 침묵 (4) 상대방의 방어적 대응을 반사적으로 듣기 (5) 필요한 만큼 (2)~(4) 단계를 반복하기 (6) 해결책에 초점 맞추기

‖ ① 준비 ‖

자기주장 메시지를 어떻게 준비하느냐에 따라 자기주장의 성패가 판가름난다.

첫 단계는 자기주장 메시지를 보내기 전에 내용을 작성하는 일이다. 메시지를 작성하는 것은 두 가지 중요한 기능을 한다. 첫째는 메시지를 생각해내는 과정에서 억눌린 감정이 미리 발산된다. 둘째는, 메시지를 공식에 맞춰 제대로 쓰면, 적절하고 간결하며 비난조가 아니라는 자신감을 갖게 되므로 목적 달성에도 도움이 된다. 대체로 초보자가 즉석에서 제대로 된 자기주장 메시지를 만들어내는 경우는 아주 드물기 때문이다.

자기주장을 하기 전에 그 메시지가 적절한지도 점검해야 한다. 먼저 이렇게 자문해본다. 이것이 다른 사람의 영역을 침해하는 것은 아닌가? 만약 메시지가 구체적이고 명백하다면 그것은 다른 사람의 영역을 침범하지 않는다고 확신해도 좋다. 다음으로 나는 이렇게 묻는다. 내가 말하고자 하는 문제가 일회성이 아닌 계속 반복되는 사안인지 생각해봐야 한다.[29] 사실 우리 모두는 가끔 실수로 다른 사람의 경계를 넘어설 수 있다. 하지만 같은 일이 반복된다면, 그때는 분명히 말해야 한다. 만약 내가 하고자 하는 말이 이 두 가지 기준에 부합한다면, 상대방의 행동 변화를 이끌어내고 오히려 서로의 관계를 더 돈독하게 만들 수 있다.

주장을 준비할 때는 미리 상황을 연습해보는 것도 도움이 된다. 가능하면 다른 사람이 상대 역할을 맡아 대화를 연습해보라. 이때, 상대방에게 방어적인 반응을 보이도록 요청하고, 예시를 보여주면서 너무 과하게 반응하지 않도록 자연스럽게 대화를 이어가 달라고 부탁하면 된다. 중요한 점은, 자기주장과 상대의 말에 대한 반사적 듣기*를 번갈아 사용하는 것이다.(* 반사적 듣기란, 상대가 한 말을 나의 판단이나 해석 없이 내용 그대로 되돌려주며 대응하는 듣기 기술로, ① 권에서 자세히 다뤘다. _ 편집자주)

상대방과 대화하기로 확실하게 약속해두는 것도 자기주장을 성공시키는 데 무척 중요하다. 만일 10~30분 동안 이야기를 나누기로 미리 약속해두지 않으면, 상대방은 자신을 방어하기 위해 급한 일이 있다면서 도중에 일어서서 나가버릴 수 있다. 그것은 정말 맥빠지고 쓸데없이 시간을 낭비하는 일이며, 결국 자기주장이 실패로 돌아가게 만든다.

장소를 신중하게 선정하라. 상대방에게 편한 장소에서 대면할 것인지, 당신이 편한 장소에서 대면할 것인지, 아니면 '중립적인' 장소에서 만날 것인지를 결정하라. 처음 자기주장을 하는 경우라면 당신의 '홈그라운드'에서 하는 것이 도움이 될 것이다. 나중에 아무런 방해가 없을 것 같으면 상대방이 선호하는 장소나 중립적인 장소를 선택해도 좋다.

적절한 때를 정하는 것도 중요하다. 가족들 간의 문제라면 모두가 피곤하고 배고프고 신경이 곤두서 있는 시간, 또는 정신 없이 바쁜 '치명적인 시간'은 피해야 한다.

‖ ② 자기주장 메시지 보내기 ‖

일단 자기주장 메시지가 준비되었다면 약속시간을 정하고 그 시간이 되었을 때 메시지를 전달한다. 이때 메시지를 전달하는 방식도 자기주장의 성패를 좌우할 수 있다.

나는 잡담으로 이야기를 시작하지 않고 바로 용건으로 들어간다. 내게 매우 중요한 문제를 시간을 낭비하지 않고 바로 상대방에게 전달하고 싶기 때문이다. 이렇게 시작하는 것은 어떨까.

  나 : 시간 내줘서 고맙습니다. (상대방이 할 말이 있을지 모르므로 잠깐 멈춘다.)
  데니즈 : 좀 바쁘긴 하지만 시간을 내봤어요.
  나 : 고맙게 생각합니다. 신경 쓰이는 문제를 해결하고 싶었거든요. 데니즈, 당신이 _____ 할 때면, _____ 하게 되기 때문에 저는 기분이 _____ 합니다.

단도직입적으로 시작하지 않고 가벼운 잡담으로 말문을 열면 내 진지한 의도가 반감되어 전달될 수 있다. 예를 들어, 내가 어린

이 야구단에서 투수로 두각을 보이고 있는 데니즈의 아들 얘기를 먼저 한다면, 그녀는 내가 주장하는 사안을 그만큼 사소하게 생각할 것이다.

자기주장을 표현하는 방식도 그 내용만큼이나 중요하다. 잘 작성된 자기주장 메시지를 보내는 동안, 신체언어는 효과를 높여 줄 수 있다. 자기주장을 할 때는 그냥 해보는 말이 아니라 반드시 관철시켜야 할 문제임을 신체언어를 통해 보여주어야 한다. 동시에 상대방을 존중하는 마음도 전달해야 한다.

신체언어에 따라 같은 문장도 복종형, 공격형, 자기주장형으로 다르게 들릴 수 있다. 이를 테면, 미켈라와 남자친구 이안이 저녁식사 데이트를 약속했고, 미켈라가 이안을 7시에 데리러 오기로 했다고 하자. 그런데 그녀는 7시25분에 도착했다. 미켈라는 늦을 거라는 전화나 문자메시지도 보내지 않았고, 도착해서도 아무런 해명이 없었다. 이에 대해 이안이 똑같은 단어를 사용하더라도, 그의 신체언어에 따라 그 대응이 복종적으로 보일 수도 있고, 공격적으로 보일 수도 있고, 자기주장형으로 보일 수도 있다.

【이안이 말로 표현한 메시지】
  • 우리가 …… 어 …… 약속을 정한 시간은 …… 음 …… 7시 인데, …… 넌 7시 25분에 왔고, 그래서 난 …… 어 …… 기

분이 언짢아. 왜냐하면 …… 음 …… 저녁식사 예약이 취소될 수도 있으니까.

【이안의 신체언어】
- 작은 목소리, 망설이는 말투. '어'와 '음'을 자주 사용한다. 미켈라의 눈을 똑바로 쳐다보지 않는다. 기죽은 듯한 자세. 목걸이를 만지작거린다. 1.5미터 정도 떨어져 서 있다.

그런 복종형 신체언어를 보이면, 상대방은 이안의 말을 심각하게 받아들이지 않을 것이다.
한편, 이안이 자신의 의도를 전달하기 위해 공격적으로 나갔다면, 똑같은 메시지도 아주 다르게 들렸을 것이다.

【이안이 말로 표현한 메시지】
- 우리가 약속을 정한 시간은 7시인데, 넌 7시 25분에 왔고, 그래서 우리의 저녁식사 예약이 취소될까 봐 무척 스트레스 받았어.

【이안의 신체언어】
- 목소리가 크고 날카롭다. 말이 빠르다. '너'라는 단어에 힘

을 주고 비난하듯이 내뱉는다. 도착 시간을 힘주어 말하고, 그 시간을 발음할 때 길게 끈다. 미켈라에게 바짝 다가서서 몸을 앞으로 숙이더니 사나운 시선으로 노려본다.

이런 공격적인 유형의 신체언어는 결코 협조적인 태도를 이끌어내지 못한다. 이안이 자기주장형 메시지를 보냈다면, 신체언어는 이런 식으로 나타났을 것이다.

【이안이 말로 표현한 메시지】
- 우리가 약속을 정한 시간은 7시인데, 네가 7시 25분에 도착해 우리의 저녁식사 예약이 취소될까 봐 스트레스 받았어.

【이안의 신체언어】
- 목소리는 차분하지만 진지하다. 그는 미켈라와 1미터 정도 떨어져서 양발을 바닥에 반듯이 딛고 안정감 있게 서 있다. 그의 눈빛은 안정적이고 단호했지만, 적의를 담고 있지는 않다.

말하는 내용과 신체언어가 조화를 이루며 상호보완적일 때만이 자기주장 메시지는 효과를 발휘한다.

자기주장형 신체언어의 몇 가지 요소를 살펴보되, 장애가 있는 사람들은 자신의 상황에 맞게 조정해야 한다는 점을 염두에 두어야 한다.

• 자세 •

상대방을 마주본다. 적당한 거리를 두고 반듯하게 서거나 앉아서 윗몸을 약간 앞으로 기울인다. 고개는 똑바로 든다. 두 발을 바닥에 탄탄하게 딛고(앉아 있을 때라도) 팔짱을 끼거나 다리를 꼬지 않고 열린 자세를 취한다.

• 눈 맞추기 •

자기주장을 할 때 상대방 눈을 똑바로 쳐다보는 것은 자신이 진심으로 얘기하고 있음을 보여준다. 우리의 목적은 공격적인 시선으로 상대방을 제압하는 것이 아니다. 가끔 다른 데 눈을 돌려 긴장을 풀면서 진지하고 의젓하게 상대방의 눈을 보면 목적을 달성하려는 의지를 공격적이지 않은 방식으로 쉽게 전달할 수 있다.

• 얼굴 표정 •

얼굴 표정은 메시지와 일치해야 한다. 상대방의 행동에 화가 났을 때도 미소를 짓거나 어색하게 웃으며 얘기하는 사람이 있는데, 그것은 이중 메시지가 되어 효과가 반감된다. 많은 사람들이 본인의 이런 행동을 인지하지 못한다. 거울 앞에서 연습하거나 역할을 정해 연습하면서 피드백을 받으면 자신이 애매하게 웃고 있지는 않은지, 또는 자기주장 효과를 반감시키는 다른 표정을 짓고 있지는 않은지 찾아낼 수 있다.

· 제스처 ·

어떤 사람들은 자기주장을 할 때 너무 경직되어 있거나 조각상처럼 무표정하다. 메시지를 전달할 때 신체적으로 경직되어 있으면 자기주장이 약해지지만, 적절한 제스처로 강조하면 효과가 배가된다. 하지만 어떤 제스처는 자기주장 효과를 떨어뜨린다. 특히 너무 강한 제스처나 특정한 제스처를 너무 자주 사용하면 메시지에 대한 상대방의 집중력이 떨어진다. 탁자를 연거푸 치거나 상대방에게 손가락질하는 것도 상대방의 방어심리를 강화한다. 반대로 어깨를 으쓱하거나, 말하는 동안 입을 가리거나, 주저주저하거나, 장신구를 만지작거리거나, 몸의 중심을 이리저리 옮기거나, 왔다갔다하면서 얘기하거나, 같은 행동을 반복하는 것도 자기주장의 효과를 떨어뜨린다.

• 목소리 •

속삭이는 듯한 단조로운 어조나, 억양 없는 말투로 얘기하면 개인 영역을 침해한 상대방을 몰아내기 힘들다. 자기주장 훈련 분야에서 선구자라 할 수 있는 로버트 알버티Robert Alberti와 미셸 에먼스Michael Emmons가 쓴 글에는 다음과 같은 내용이 있다.

> 의사소통에서 목소리는 무척 소중한 자원이다. (중략) 당신의 억양은 당신이 원하는 바를 정말로 강조해주는가? (중략) 목소리 크기는 어떤가? 상대방에게 잘 안 들릴 정도로 작게 이야기하지는 않는가? 필요할 때 당신은 고함을 지를 수 있는가? 반대로, 다른 사람들이 보기에 항상 화난 사람처럼 큰 소리로 얘기하지는 않는가? 당신의 목소리를 조종하라. 그것은 자기주장의 강력한 요소를 이용하는 것이다.[30]

나는 자기주장을 할 때 항상 차분하면서도 확고한 목소리로 시작한다. 사람들은 나에게 어떻게 그렇게 침착할 수 있는지 묻는다. 거기에는 두 가지 이유가 있다.

첫째, 자기주장 내용을 작성하는 동안 감정이 대부분 발산되기 때문에 억눌린 감정이 남아 있지 않다. 둘째, 나는 자기주장에 성공한 경험이 많아서 이번에도 상대방에게 내 의도를 관철시킬 수 있을 것이라 자신감이 있기 때문이다. 연습을 할수록, 더욱 더 침착해진다.

숨을 충분히 들이마시면 생각보다 훨씬 효과적으로 자기주장을 할 수 있다. 폐에 공기의 양이 적으면 흉부가 가라앉고 자신감이 없어 보인다. 또한, 공기가 줄어들면 에너지도 줄어들기 때문에 남아 있는 에너지를 모두 자기주장 하는 데에 써야 한다.

자기주장에 필요한 힘 있는 목소리를 내기 위해서는 폐에 공기를 가득 채워야 한다. 사람들은 자기주장을 할 때처럼 초조해지면 어느 정도 숨을 참는 경향이 있다. 두 발을 바닥에 굳건히 딛고 몸을 웅크리지 않으며(숨쉬기가 힘들다) 말하기 전에 공기를 충분히 들이마시는 것이 자기주장을 하기에 용이한 자세이다. 자기주장을 하는 사람의 신체언어는 상대방에게도 영향을 미치지만 자기 자신에게도 영향을 미친다. 상대방을 마주보고 서고, 등을 곧게 펴고, 두 발을 바닥에 굳게 디디고, 폐를 공기로 가득 채웠을 때, 내면의 에너지를 더 많이 이끌어낼 수 있다. 또 그래야만 초조함과 의기소침함도 줄어들고 단호함과 자신감이 생긴다.

‖ ③ **침묵하기** ‖

간단한 자기주장 메시지를 적절한 신체언어와 함께 보낸 뒤에는 멈추고 침묵하라. 당신이 침묵하면 상대방은 당신이 말한 내용을 찬찬히 생각해보거나 자신이 하고 싶은 말을 할 것이다. 상대방의 첫 반응은 보통 방어적이다. 때로는 변명을 할 것이고, 때로는 공격을 할 것이고, 때로는 뒤로 물러나기도 할 것이다. 방어적인 반응은 예상하고 있어야 한다. 그것이 없다면 특이한 경우다. 자신의 요구조건을 말한 사람이 침묵하는 동안 상대방은 자신의 방어심리를 드러낼 기회를 얻게 되는데, 그렇게 감정을 발산하는 것은 자기주장을 하는 사람의 목적을 달성하는 데 필요한 과정이다.

④ 방어적 반응에 반사적 듣기로 대응하기

일단 자기주장 메시지를 전하고 침묵의 시간이 흐른 뒤에 상대방은 방어적인 태도를 보일 것이다. 이때 중요한 것은 당신의 주장을 반복하거나 자세히 설명하거나 공격적으로 나가지 말고, 역할을 바꿔서 예상했던 그 방어적 대응에 반사적 듣기로 대응해야 한다는 것이다. 다음 페이지의 [그림3.1]에서 보듯, 이렇게 자기주장과 듣기가 앞뒤로 왔다갔다하는 것은 주장이 완전히 먹혀들 때까지 여러 번 반복된다는 뜻이다.

이때의 반사적 듣기는 4가지 정도의 이득을 준다. 먼저, 그것은 상대방의 방어심리를 약화시킨다. 상대방이 방어심리를 드러냈을 때 존중하는 태도로 그것을 반사하면, 방어심리는 가라앉게

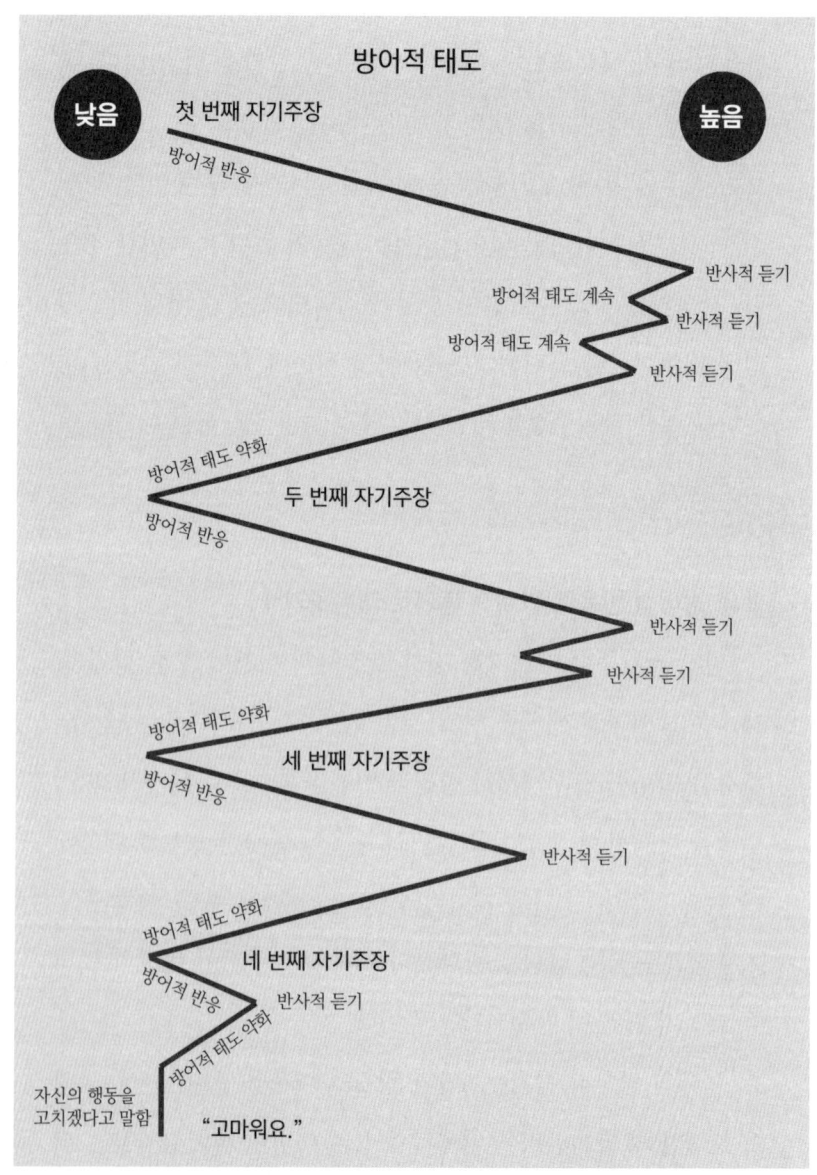

[그림3.1] 자기주장과 반사적 듣기 사이에서 '역할 바꾸기'를 계속할 때 나타나는 방어적 태도의 증가와 감소 양상 (토마스 고든 박사의 그래프에서 응용)

마련이다. 그러면 방어적 태도의 증가라는 악순환의 고리가 끊어지고 긍정적인 대화가 시작된다.

효과적인 듣기로 인한 방어심리 감소 효과는 놀랄 정도지만, 많은 사람들은 직접 보기 전에는 믿지 못한다. 독자들은 인쇄된 책만 보고 있기 때문에 설득력이 없다고 생각할지도 모르겠지만, 이 기술을 익힌 다음 실제로 경험을 해보면 이것을 실감할 것이다.

반사적 듣기를 해야 하는 두 번째 이유는, 상대방의 말을 듣고 애초에 우리가 한 주장을 철회해야 하는 경우도 있기 때문이다. 예를 들어 보자. 우리 아들은 학생 운전면허증이 있는데, 이것은 저녁 9시까지만 운전이 허용되는 것이다. 아들이 고등학교에서 농구 연습을 하고 집에 9시 30분에 들어왔을 때, 나는 아들을 불러 그것을 지적했다. 그러자 아들은 법률상 학생 운전면허증을 갖고 있는 사람은 밤 9시까지만 운전이 허용되지만, 학교 행사가 있는 경우는 예외라고 알려주었다. 규칙을 위반하는 것만 아니라면 아들이 9시 30분에 집에 돌아오는 것을 반대할 이유가 없었으므로 나는 더 이상 아무 말도 하지 않았다.

자기주장 후 상대방의 반응에 귀를 기울여야 하는 세 번째 이유는, 상대방에게 당신의 요구사항과 충돌할 수밖에 없는 사정이 있을 수 있기 때문이다. 그럴 때는 두 사람 모두에게 바람직한 방향으로 문제 해결 방식을 바꾸는 것이 좋다. 어느 기업의 매니저가 IT 담당자에게 말한 자기주장이 바로 이런 경우이다. "당신이 프로그램을 제 날짜에 업데이트 해주지 않아 무척 짜증스럽습니다. 왜냐하면 우리 팀 계획표를 재조정해야 하고 고객에게도 마감일까지 완료되지 못한다고 알려야 하거든요." 그러자 해당 IT 담당자는 조직 개편으로 그전보다 2배 많아진 팀 지원 업무를 해야 한다고 말했고, 그 사실을 알게 된 매니저는 이런 경우 자기주장을 계속 고집하는 것보다 타협해서 다른 해결 방법(CHAPTER 7에서 설명할 기술)을 찾아보는 것이 현명하다고 생각했다.

마지막으로, 누군가에게 자기주장을 하는 동안 당신은 상대방이 당신에 대해, 그리고 당신과의 관계에 대해 어떻게 생각하고 있는지에 관한 많은 정보를 얻을 수 있다. 그는 방어적인 입장이기 때문에 자신이 정말로 느끼고 있는 것보다 과격하게 말할 수도 있지만, 어쨌든 그것들은 중요한 단서이고 쉽게 무시할 수 없는 정보들이다. 그 자료 중 상당량은 당신의 자기주장이 아니었다면 말로 표현되지 않고 묻혀버렸을 것들이다.

이때는 당신이 스스로 변명을 하기보다는 반사를 하는 것이 관계를 개선시킬 방도를 찾아내는 데 도움이 될 것이다. (자기주장을 하는 동안에는 반사적 듣기에 충실하고, 그런 불만들에는 대답하지 말라. 당면했던 문제가 해결되면, 상대방이 곤경에 처했을 때 폭포처럼 쏟아낸 문제들을 두 사람이 다시 이야기하고 싶어질 것이다.)

• 적대적 반응에 대응하기 •

아무리 신중하게 작성한 자기주장 메시지라도 적대적인 공격을 받기 쉽다. 이런 자기주장 메시지에 귀 기울이기보다는, "대부분의 사람들은 자기주장 내용을 진지하게 듣는 것이 아니라 반격할 구실부터 찾는다".[31] 반격할 때 쓰는 말은 상대를 '수세에 몰아넣고 공격하기' 위해 찾아낸 것들이다. 사람들은 자기주장이 담고 있는 요점은 제쳐두고, 자신에게는 상대적으로 위험이 적으면서 상대에게는 타격이 될 만한 문제를 찾아낸다.[32]

영업팀 책임자인 조앤은 마이크를 불러 그의 최근 실적을 얘기했다. 그러자 마이크는 적대적인 태도로 반응했고, 그녀는 방어적인 그의 태도에 반사적 듣기로 대응했다.

> 조앤 : 이번달은 지난달 판매량에 비해 15퍼센트나 줄어서 화가 나네요. 우리 조의 생산량도 떨어지고 제 월급도 적어졌기 때문이에요.
>
> 마이크 : 당신의 월급이라구요? 사람들 말이 확실히 맞군요. 당신은 오직 자신만 생각할 뿐이에요.
>
> 조앤 : 그러니까 당신은 나한테 영향이 있기 때문에 문제 삼는다고 생각하는 건가요?
>
> 마이크 : 잘 아시는군요! 제가 목표치를 달성할 때는 아무 말

도 안 하더니 - 계속해서 목표치를 달성했는데도 - 저의 한 달 실적이 안 좋으니 대단히 큰일처럼 만드시네요.

조앤 : 당신의 실적이 못 미칠 때만 내가 연락해서 화가 났군요.

마이크 : 그래요. 당신의 부족한 리더십이 저뿐만 아니라 다른 팀원에게도 문제가 되고 있습니다.

조앤 : 당신이 보기에 제가 팀을 이끄는 리더십이 진짜 문제라는 얘기군요.

마이크 : 누군가는 이런 얘기를 해야 할 때가 됐네요.

조앤 : 마이크, 당신이 제기한 나의 리더십에 대한 얘기는 다음에 하도록 하죠. 지금은 당신의 실적에 대한 것이고, 지난달에 비해 이번달 실적이 15퍼센트 감소해 우리 팀의 실적을 떨어뜨렸고, 저의 월급이 줄어 화가 납니다.

이 대화에서 조앤의 대응을 검토해보자. 먼저, 그녀는 마이크가 말한 내용과 감정을 반사했다. 특히 감정에 중점을 두었다. 그녀는 연속해서 세 번을 반사했지만 횟수가 중요한 것은 아니다. 때로는 한 번의 반사로 충분한 경우도 있고, 대여섯 번은 해야 상대방의 방어심리가 누그러져 자기주장 메시지를 다시 전달할 수 있는 조건이 되기도 한다.

둘째, 조앤은 본론이 아닌 자신의 리더십을 논하는 문제 같은 곁가지에 말려들지 않았다. 그녀는 마이크가 내던진 미끼 중 하나라도 물면, 이 논쟁이 흐지부지 끝나게 되리라는 것을 알고 있었다. 또한 그런 화제에 관해 자신의 의견을 덧붙이면, 대화가 본론을 벗어나 자신의 요구가 관철되지 못할 거라는 것도 알고 있었다.

셋째, 그녀는 마이크를 정중하게 대했으며 심지어는 인신공격을 받았을 때도 비난조의 단어를 쓰지 않았다. 그녀의 목소리는 오만함이나 비웃음과 거리가 멀었다. 태도나 얼굴 표정은 진지했지만 결코 공격적이지 않았다. 그녀로서는 어려운 일이었겠지만, 조앤은 마이크의 사고방식을 이해하려고 최선을 다했다.

마지막으로, 조앤은 자기주장을 재차 말했다. 그녀는 처음 자기주장을 할 때 했던 말을 똑같이 반복했다. 그녀는 마이크도 다른 사람들처럼 자신이 처음 보낸 메시지를 제대로 듣지 않았을 거라고 생각했다. 말이 들리기는 했지만 그녀의 걱정에 귀를 기울이지 않았다는 말이다. 그래서 그녀는 메시지를 다시 보냈다. 이 메시지를 준비하면서 조앤은 마이크가 처음에는 만만치 않게 나오리라는 것을 예상했다. 또한 자신이 자기주장 메시지를 보내면서 비난 섞인 단어를 실수로 내뱉을지도 모른다는 것도 알고 있었다. 그래서 그녀는 처음 보낸 메시지 내용을 외우고 그것을 정확히 말할 때까지 연습해두었던 것이다.

몇 번 더 반복 과정을 거친 후, 마이크는 조앤의 요구에 맞는 해결책을 제시하기에 이르렀다. 그녀는 마이크에게 고맙다고 말하고, 그가 제시한 해결책이 생각만큼 효과가 있는지 확인하기 위해 일주일 후에 다시 만나기로 약속했다. 일주일 후에 조앤과 마이크가 만났을 때 마이크가 낸 실적은 그해 최고치를 기록했다.

이 대화를 듣고 어떤 사람들은 조앤이 "마이크가 그 따위로 말하는 걸 묵인해서는 안 된다."고 주장했다. 하지만 조앤은 당당했다. 자기주장을 통해 자신의 요구를 관철시켰고 가장 까다로운 직원과 업무상 좋은 관계가 되었기 때문이다. 그녀에게 큰 성취감을 안겨준 사건이었다.

· 질문에 대응하기 ·

사람들이 자기주장 메시지에 대응하는 방식은 적대감 외에도 여러가지가 있다.[33] 어떤 사람들은 자신을 방어하기 위해 질문을 사용한다. 그들은 질문을 하면 상대의 자기주장을 회피할 수 있다는 것을 잠재의식 속에서 알고 있다. 상대가 자신의 질문에 대답하는 동안 자기주장은 중단되고, 그러면 자신은 상대의 영역에서 나가거나 상대의 요구를 충족시킬 방법을 생각하지 않아도 되기 때문이다. 가끔 예외는 있지만 나는 다음과 같은 법칙을 고수

한다. 자기주장을 하는 동안에는 질문에 대답하지 말라. 대신 반사적 듣기로 대응하라. 모든 질문은 평서문으로 바꿔서 상대방에게 돌려줄 수 있다. 예를 들어보자.

자식 : 엄마는 뭐 제 나이 때 항상 설거지를 했어요?
부모 : 네가 생각하기에 엄마/아빠는 너만큼 설거지를 안 했다고 생각하나 보구나.

자기주장을 하는 상황에서 더 이상의 말은 필요 없다. 만약 덧붙일 말이 있다면 비난하지 않으면서 구체적이고 간결하게 말하면 된다. 그러고 난 후 상대방이 다음 말을 하도록 침묵을 지킨다.

• 논쟁으로 회피하려 할 때 •

어떤 사람들은 자기주장에 대해 논쟁으로 대응한다. 이런 방어법은 두뇌회전이 빠르고 논쟁에 능한 사람들이 주로 사용한다. 아무런 근거가 없더라도 말이다. 그들은 자신들이 매우 객관적이고 단지 확실히 알고 싶을 뿐이라는 투로 말하지만, 사실은 남의 영역을 침범하는 자신의 행동을 고치고 싶지 않은 것이다. 논쟁이란 이기고 지는 게임이다. 상대방이 이기면 내가 지고, 내가 이기면 상대방은 지는 것이다. 어느 경우든, 자기주장이 외면당하고 요구조건이 충족되지 않으면 두 사람의 관계는 악화될 것이다. 아무도 지는 것을 좋아하지 않기 때문이다. 자신의 요구조건을 충족시키고 관계를 돈독히 하는 길은, 논쟁에 휘말리지 않고 반사적 듣기를 고수하는 것이다.

· 눈물에 대응하기 ·

일부는 자기주장에 직면했을 때 눈물을 무기로 쓴다. 우는 것은 대면을 피하고 자신이 상대방의 영역을 침해하고 있음에도 행동을 고치지 않으려는 교묘한 속임수이다. 안타깝지만 이 수법은 대단히 효과가 높다. 나는 자기주장을 할 때 상대가 눈물로 방어해도 절대 넘어가지 않겠다고 다짐한다. 물론 나는 그 눈물이 진심이며 그 사람이 정말로 슬퍼하고 있다고 믿는다. 그래서 그 사람이 어떤 일에 대해(마감일을 지키지 못하거나 어떤 문제이건 간에) 슬퍼하고 있다는 사실을 반사하고, 그다음에는 부드럽지만 단호하게 자기주장을 한다.

만약 그의 감정이 너무 격해지면 나는 조금 후에 또는 다음날 만나자고 말한다. 그 시간이 되면 나는 다시 자기주장을 한다. 약속시간을 기다리는 동안 그 사람이 감정적인 스트레스에 과도하게 시달리지 않는다면, 나는 재차 자기주장을 함으로써 문제가 해결될 때까지 그를 놓아주지 않는다.

• 침묵으로 일관하는 사람 대하기 •

몇몇은 자기주장에 직면하면, 위협을 느낄 때 몸통 안으로 목을 쏙 넣어버리는 거북이처럼 움츠러든 태도로 대응한다. 당신이 자기주장을 하는 동안 묵묵히 듣고만 있는 것이다. 때로는 못마땅하다는 신체언어를 보일 수도 있고, 의기소침한 얼굴로 앉아 있을 수도 있다. 또는 감정을 숨기기 위해 무표정하게 앉아 있을 수도 있다. 이런 부적절한 침묵은 그가 기분이 언짢고 방어적이라는 사실을 나타낸다. 이런 상황에서 나는 한참 동안 입을 다물고 있다가 내가 생각하는 그 신체언어의 의미를 반사한 뒤, 다시 자기주장으로 돌아간다.

만일 상대방이 계속 입을 다물고 있으면 이렇게 말한다. "제가 생각하기에 당신의 침묵은 더 이상 얘기하고 싶지 않고 내 요구대로 약속한 시간에 차를 몰고 집으로 오겠다는 뜻인 것 같군요. 일이 제대로 처리되었는지 확인하기 위해 다음주 일요일에 다시 만나서 얘기합시다." 자기주장의 목적은 상대방의 행동을 고치는 것이다. 그러므로 그 사람이 기분 나쁘게 생각해도 어쩔 수 없는 일이다.

우리는 지금까지 가장 흔한 방어적 태도와 그에 대응하는 법을 살펴보았다. 물론 다른 방어 방식도 많다. 다행히 방어적인 반응에 대응하는 일반적인 전략은 항상 같다. 반사적으로 (특히 감정에 대해) 들은 다음, 다시 자기주장을 하는 것이다.

‖ ⑤ 2단계부터 4단계까지 과정 반복하기 ‖

일단 자기주장 메시지를 보냈고, 상대방이 생각하거나 대답할 수 있도록 조용히 기다려주었고, 예상했던 방어적 반응에 반사적 듣기로 대응했다면, 이제는 그 과정을 반복할 때이다. **상대방은 방어태세를 갖추고 있었기 때문에 당신과 똑같은 관점에서 그 상황을 보지 못했을 것이다. 그러므로 처음 보낸 메시지를 다시 보내야 한다.** 그다음에는 침묵을 지켜야 한다. 그러면 상대방은 다시 방어적인 반응을 보일 것이고, 당신은 다시 그것을 반사해야 한다. 그 과정을 반복적으로 되풀이해야 상대방은 진심으로 상황을 이해하고, 당신의 요구조건을 충족시킬 만한 대책을 내놓을 것이다.

주장하기와 반사하기의 리듬을 얼마나 잘 조절하느냐에 따라 자기주장의 효과는 달라진다. 우리가 가르치는 대인관계 기술에서 가장 어려운 부분이, 이 두 가지 역할을 교대로 하는 것이다. 대부분의 사람들은 자기주장 다음에는 들어야 된다는 것을 망각하기 때문이다. 상대방이 방어적으로 반응하면 그들은 다른 말로 그 사람을 사정없이 공격하며 얼마 안 있어 싸움이 일어나고 만다. 또 어떤 사람들은 자기주장을 다시 해야 된다는 것을 잊어버리고 계속 듣는 역할만 하고 있다. 그러다가 자신의 요구조건이 관철되지도 않았는데 오히려 상대방을 위로하며 이야기를 끝내기도 한다. 자기주장을 하는 것이 목적이었는데 상대방에게 순종하는 역할을 맡은 것이다.

앨런 프랭크Allan Frank는 이렇게 말했다. "성인으로서의 성숙함을 보여주는 증거 중 하나는 감정과 이성을 균형 있게 통제하는 능력인데, 이는 이성을 유지하면서 감정을 표명하는 능력을 말한다."[34] 자기주장 훈련을 하다 보면 이성적인 자제력과 솔직한 감정 표현 사이에서 성숙한 균형을 유지하게 된다. 그런 능력을 갖춘 사람은 양 당사자뿐 아니라 그들의 관계까지 안전하게 지키면서도 자신의 감정을 꾸밈없이 표현할 수 있다.

자기주장 과정을 항상 완벽하게 진행할 수는 없을 것이다. 들어야 한다는 것을 잊어버릴 수도 있고, 메시지를 서투르게 전달할 수도 있다. 또는 반사할 때 감정에 중점을 두는 것을 잊어버릴 수도 있다. 그래도 계속하라. 실수가 너무 많지 않다면 자기주장은 분명히 효과를 거둘 것이다.

때때로 상대방이 즉시 당신의 요구조건을 받아들일 수도 있다. 방어적으로 반응하지 않고 곧바로 대책을 내놓을 수 있다는 말이다. 항상 방어적인 반응에 대처할 준비를 하라고 교육받은 사람들은 이럴 때 당황스러울 것이다. 이럴 때는 그냥 그 대책을 반사하고 "고마워요."라고 대답하라.

‖ ⑥ 해결책에 초점 맞추기 ‖

자기주장 메시지가 효과가 큰 이유는 그것이 상대방을 구석으로 몰아세우지 않기 때문이다. 상대방은 내가 제시한 해결책에 "예/아니오"로 대답해야 하는 것도 아니다. 자신의 조건에 맞는 어떤 대책을 생각해내서 제시할 수 있을 것이다. 그것은 악의를 갖고 억지로 양보를 강요하는 것이 아니라, 상대방의 존엄성을 지켜주는 것이다. 상대방이 나에게 만족할 만한 대책을 내놓았다면, 그것이 설전을 벌인 끝에 나온 결과라 하더라도 양 당사자는 한결 기분이 좋아진다. 또한 조정 과정을 거치는 동안 두 사람 관계는 더 가까워진다.

상대방이 어떤 대책을 생각해내면 그것이 당신의 조건을 충족시키는지 확인해야 한다. 부분적으로 고칠 수 있어야 하고, 당신의 요구를 충족시킬 수 있는 선택의 범위도 넓혀야 한다. 하지만 상대방의 제안이 당신의 욕구를 충족시켜주지 못한다면, 그것을 솔직하게 말해야 한다. 상대방이 제안한 해결책을 거절한 후에는 한동안 침묵을 지키는 것이 좋다. 그 시간 동안 상대방은 다른 해결책을 생각해낼 수도 있고, 다시 방어적인 태도로 돌아갈 수도 있다. 어떤 반응을 나타내든지 요구조건을 만족시킬 만한 대책이 나올 때까지는 침묵을 지켜야 한다.

상대방이 당신의 요구조건을 충족시키는 것에 마뜩잖게 생각해도 어쩔 수 없다. 자기주장의 목표는 상대방의 행동을 고치는 것이다. 나에 대한 상대방의 태도가 바뀌거나(그럴 수도 있지만) 완전히 변하리라는 기대는 하지 않는 것이 좋다. 상대방이 투덜거리든 미소를 짓든, 당신이 예의 바르고 현명하게 자신의 입장을 전달했다는 데에 자부심을 가져야 한다.

해결책을 다시 한 번 쉽게 풀어서 상대방에게 말해준다. 그런 식으로 해서 두 사람이 똑같이 이해했다는 것을 확인하는 것이다. 다시 말해주는 것은 그 해결책을 상대방의 머릿속에 확실하게 각인시키는 역할도 한다.

"고마워요."라고 말해준다. 자기주장 과정이 너무 힘들어 기본적인 예의를 잊을 수도 있다.

그 해결책이 효과가 있는지를 점검하기 위해 두 사람이 다시 만날 시간을 정해둔다. 선의로 제시한 대책이 효과가 없어서 새로운 방도를 찾아야 하는 경우도 있기 때문이다. 또는 자기주장을 들은 사람이 실행할 생각도 없는 대책을 내놓을 수도 있다. 상대방이 제시한 해결책이 그저 당신의 압박감에서 벗어나려는 꼼수일 수 있다. 두 사람이 동의한 해결책이 얼마나 효과가 있는지 점검하기 위해 다시 만나기로 하면, 상대방은 당신이 진지하게 자기주장을 하고 있음을 느끼고 속임수를 쓰려는 생각을 포기할 것이다.

| 요약하자면… |

자기주장 메시지를 보내면 상대방은 방어적으로 대응할 가능성이 크다. 한 사람의 방어심리는 상대방의 방어심리까지 부추기는 경향이 있다. 그 결과, 방어의 확대재생산이 일어나고 이어서 공격이나 불화로 이어진다. 자신의 요구조건을 충족시키면서 상대방의 방어적 대응에 효과적으로 대응하기 위해서는 다음 여섯 단계를 따라야 한다.

1. 준비
2. 자기주장 메시지 보내기
3. 침묵하기
4. 방어적 반응에 반사적 듣기로 대응하기
5. 2~4단계 과정 반복하기
6. 해결책에 초점 맞추기

CHAPTER 4
자기주장 방식은 다양하다

자기주장을 배우는 과정은 외국어를 배우는 과정에 비유할 수 있다. 처음에는 단어, 문장, 기본적인 문법을 배운다. 그러다가 어느 날 갑자기 어린아이들이 쓰는 말을 사용하여 의사소통을 하게 되고, 계속 배우면서 유창해진다. 마침내 완전히 터득한 뒤에는 그 언어를 통해 창의력을 발휘할 정도로 자유로움을 느낀다.[35]

- 허버트 펜스터하임 Herbert Fensterheim, 정신과 의사 &
진 바에르 Jean Baer, 작가

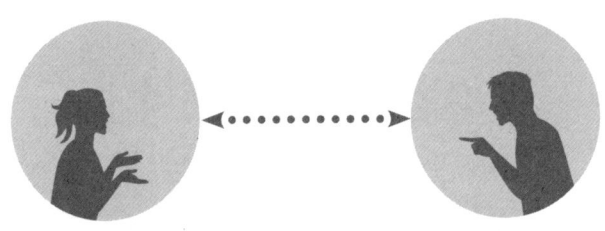

| **다양한 자기주장형 행동** |

CHAPTER 2에서 언급했듯이, 자기주장을 하는 방식에는 두 가지 목표가 있다. 자신의 영역을 지키기 위한 자기주장과, 자신의 영역을 넘어 세상에 긍정적인 영향을 미치기 위한 적극적인 자기주장. 앞선 내용에서는 자신의 영역을 보호하는 한 가지 방법인 '3단계 자기주장법'에 대해 다뤘다. 이 방법의 원칙과 실천방법을 잘 이해하고 나면, 이번 CHAPTER에서 설명할 다른 자기주장 방법들도 더 쉽게 배울 수 있다.

다음에 소개할 것들도 '방법'이라고 부르긴 하지만, 사실 이렇게 격식 있게 부르기에는 좀 과한 면이 있다. 이런 '방법'의 대부분은 누군가가 대인관계에서 좋은 결과를 가져온 행동을 관찰하면서 시작되었고, 시간이 지나고 계속해서 효과가 입증되면서 이러한 행동이 하나의 지침이 되었다. 그리고 이를 다른 사람들에게 가르치다 보니, 더 많은 사람들이 활용할 수 있는 '방법'으로 자리 잡게 되었다.

| 자신의 영역을 지키는 다른 방법들 |

3단계 자기주장법은 다른 사람과 맞서서 자신의 경계를 지켜야 할 때 적절한 방법이다. 하지만 "망치만 있으면 모든 것이 못으로 보인다."는 말처럼, 한 가지 방법만으로는 부족할 수 있으니 상황에 따라 다음의 방법들도 다른 사람과의 경계를 정할 때 유용하게 쓸 수 있다.

‖ 관계형 자기주장 ‖

때로는 두 사람 관계에 부정적인 영향을 주는 상대방의 행동에 대해 자기주장을 해야 하는 경우가 있다. 이때 필요한 것이 관계형 자기주장 메시지다. 3요소 자기주장 메시지에서처럼 상대방의 행동은 정확하게 묘사한다. 또한 자신의 감정도 표현한다.

하지만 관계형 자기주장 메시지에는 구체적이고 명백한 영향이 없으며, 이것이 3요소 자기주장 메시지와의 가장 큰 차이점이다. 영향이 있기는 하지만 명백한 어떤 것(당신의 소유물에 흠을 내거나 돈이 들게 하는)은 아니다.

베키라는 젊은 여성은 전체적으로 남편과의 관계가 좋고 행복했지만, 대화 방식에서 한 가지가 마음에 걸렸다. 그래서 자신이 언짢게 생각하는 몇 가지 문제를 얘기하면, 남편은 의논할 생각은 하지 않고 농담으로 문제를 회피했다. 구체적인 영향이 없었기 때문에 베키는 3요소를 포함하는 자기주장 메시지를 사용할 근거가 없었다. 그래서 그녀는 자신이 느낀 바를 관계형 자기주장을 통해 얘기하는 것이 최선이라는 판단을 내렸다. 그녀는 이 문제를 꺼냈을 때 남편이 다시 회피하려 할 것에 대비하여 메시지를 미리 작성해두었다. 몇 주일 후, 그녀가 문제를 제기했을 때 남편이 또 회피하려 하자 그녀는 이렇게 말했다.

"이건 나한테 중요한 문제인데 당신이 농담으로 받아넘기니까 화가 나요. 내 요구조건이 논의되지도 않고 충족되지도 않으니까요."

메시지를 보낸 후에는 반사적 듣기가 필요하다. 그런 다음 다시 한 번 자기주장을 하고 반사적 듣기로 되돌아가야 한다.

구체적이고 명백한 영향이 없기 때문에 상대방이 요구조건을 충족시켜줄 가능성은 낮고, 그래서 사람들은 화가 난다. 그들은 이렇게 말한다. "그이가 정말로 저를 사랑한다면 구체적이고 명백한 영향이 있든 없든 저를 화나게 하는 행동을 고쳤을 거예요. 나에게 가장 중요한 것은 눈에 보이지 않는 것들이거든요." 많은 사람이 이런 식으로 생각하지만, 오랫동안 관찰한 바에 따르면 보통 사람들은 자신의 행동이 다른 사람의 삶에 구체적이고 명백한 영향을 미친다는 것을 알아야 그 행동을 바꿀 가능성이 높다. 이런 성향이 못마땅할지 모르지만, 그런 행동이 당신을 사랑하지 않는다는 증거는 아니라는 것을 알아야 한다. 그는 단지 보통 사람들의 성향대로 반응하고 있을 뿐이다.

내가 반사적 듣기를 하면서 몇 차례 자기주장을 하면, 상대방은 내 요구조건에 맞는 대안을 제시할 수도 있고 그렇지 않을 수도 있다. 상대방이 대안을 내놓지 않으면 나는 이렇게 말한다. "내가 말한 내용과 내가 느끼는 감정을 당신이 이해하는 것은 아주 중요한 문제예요. 내가 한 번 더 말할 테니 당신은 내가 한 말을 그대로 내게 전달해봐요. 내 말이 정확히 전달되었다는 확신이 들면, 이 문제에 대해서는 일단 여기까지만 얘기하기로 해요.

괜찮죠?"

그리고 나서 관계형 자기주장을 다시 반복한다. 상대방이 내가 말한 바를 이해했음을 보여준다면 나는 "고마워요. 그게 바로 내가 말한 내용이고 내가 느끼는 바예요."라고 말한다. 원하는 변화를 얻지 못할 수도 있지만, 적어도 당신의 감정이 전해지고 이해받았다는 확신은 가질 수 있다.

여기에 관계형 자기주장 메시지의 예가 몇 가지 있다.

12살짜리 아이가 부모에게 : 가족여행 계획을 짤 때 저를 끼워주지 않으니까 저는 무시당했다는 기분이 들어요. 우리가 할 일에 대해 저는 아무 말도 할 수 없잖아요.

남편이 아내에게 : 내가 당신을 화나게 한 후 몇 시간 동안이나 당신이 입을 다물고 있으니까 나는 낙심천만이야. 우리 갈등과 불화를 풀 방법이 없으니까 말이야.

사실 많은 사람들은 자신이 다른 사람의 사적인 영역을 침범하고 있다는 것을 모른 채, 그것을 관계형 자기주장 메시지로 착각하고 있다. 관계형 자기주장과 가치관 강요 사이에는 눈에 보이지 않는 경계선이 있다.

다른 사람의 가치관에 영향을 주는 것이 바람직한 경우도 있지만, 자신의 가치관을 강요하는 것은 절대 바람직하지 않다. 자기 자식이라 할지라도 말이다.[36] 그것은 타인의 사적인 공간을 침해하는 것이고 정신적으로 공격하는 행위이다. 따라서 나는 내 아이의 학교 성적이 어떻든, 그의 친구가 누구이건, 교회에 나가건 나가지 않건, 정치적 활동에 참여하건 말건, 옷을 어떻게 입건, 그런 문제에는 관계형 자기주장 메시지를 사용하지 않는다. 내 아이나 아내의 가치관, 또는 친구들의 삶에 관해 의논하고 싶을 때는 자기 노출 또는 CHAPTER 6에서 설명할 갈등 해소법을 사용한다. 누군가가 다른 사람에게 자신의 가치관을 강요하는 것은 상대방의 자아 또는 두 사람의 관계를 해칠 가능성이 크다.

‖ 요구사항을 충족하는 선택지 제시하기 ‖

사람들은 종종 다른 사람의 성가신 행동을 멈추게 하기 위해 "당장 그만둬!" 같은 말을 하곤 한다. 하지만 구체적인 선택지를 제시하지 않으면, 상대방은 체면을 지킬 방법이 없고 궁지에 몰린 듯한 느낌을 받게 된다. 이로 인해 공격적으로 반응할 가능성이 더 커진다.[37]

따라서 상대방의 행동을 지시하거나 명령하는 대신, 몇 가지 선택지를 제시하고 그중 하나를 선택하도록 유도할 수 있다. 물론 제시할 수 있는 선택지가 두세 개뿐일 수도 있고, 상대방이 그리 매력적으로 느끼지 않을 수도 있다. 그러나 제한적이라도 선택권을 제공하면, 상대방이 스스로 결정하고 자신의 삶을 통제할 수 있도록 돕는 효과가 있다. 또한, 궁지에 몰렸다고 느껴서 불필요하게 공격적으로 반응하는 상황도 예방할 수 있다.

다음은 한 교사가 선택지를 활용해 소란스러운 교실을 효과적으로 관리한 사례이다.

한 무리의 학생들이 프로젝트를 진행하는 도중 떠들면서 다른 학생들의 학습을 방해하고 있었다. 이때 교사는 "조용히 해!" 또는 "각자 따로 작업해!"라고 명령할 수도 있었지만, 대신 교실의 규범을 설명한 후 선택지를 제시했다. "다른 친구들이 공부할 수 있도록 교실은 조용해야 해. 작게 이야기하면서 함께 작업할 수도 있고, 각자 따로 작업할 수도 있어. 어떤 방법이 좋겠니?"

‖ 자연적 결과와 논리적 결과 ‖

심리학자 루돌프 드레이커스$_{\text{Rudolf Dreikurs}}$는 처벌, 과도한 설명, 혹은 보상을 사용하지 않고 아이들이 자기 절제 능력을 키울 수 있도록 돕는 방법을 제안했다. 그는 처벌이 효과적이지 않다는 점을 강하게 주장했으며, 이는 ①권에서 언급한 '12가지 의사소통 장애' 중 하나이기도 하다. 비슷한 신념을 가졌던 철학자 니체

Nietzsche 역시 처벌에 반대하는 입장을 한 문장으로 간결하게 표현했다. "처벌은 사람을 강퍅하고 무감각하게 만들며, 소외감을 느끼게 하고, 저항하려는 힘을 강화시킨다."[38]

많은 사람들이 문제 행동을 보이는 아이에게 이성적으로 설명하며 설득하려고 한다. 그러나 드레이커스는 논리적인 설명(또 다른 의사소통 장애)이 대개 효과가 없다고 지적한다. 아이들은 단순한 논리만으로 행동을 바꿀 동기를 느끼지 않기 때문이다. 이 글을 읽고 있는 부모라면 아마 직접 경험해봤을 것이다. 아무리 논리적으로 설명해도, 우리의 말은 아이의 한 쪽 귀로 들어갔다가 다른 쪽 귀로 곧바로 빠져나가버린다.

드레이커스에 따르면, 보상은 처벌보다 더 효과적인 방법이 아니다. 보상은 개인의 책임감을 약화시키고, 자발적인 참여와 기여에서 얻을 수 있는 만족감을 방해한다. 만약 아이들이 "이걸 하면 나한테 어떤 이득이 있을까?"라는 사고방식을 갖게 되면, 결국 만족스러운 보상을 지속적으로 제공하기 어려워진다. 드레이커스는 이렇게 말했다. "아이들에게 좋은 행동을 하면 보상을 주는 방식은, 처벌을 사용하는 방식만큼이나 그들의 삶에 부정적인 영향을 미친다. 우리는 보상을 통해 협력을 얻으려 하지만, 그 과정에서 오히려 아이들이 삶에서 얻어야 할 본질적인 만족을 빼앗고 있다."[39]

드레이커스는 우리가 흔히 사용하는 말로 타이르기, 보상하기, 벌주기 같은 방법이 충분하지 않다는 점을 지적했다. 이는 아이들을 다룰 때뿐만 아니라 어른들 사이의 관계에서도 마찬가지다. 그렇다면 이런 상황에서 우리는 어떻게 해야 할까? 말로 설득하려 해도 소용없고, 보상이나 처벌로도 원하는 결과를 얻을 수 없다면, 무엇을 할 수 있을까? 한 가지 효과적인 방법은 '자연적 결과'와 '논리적 결과'를 활용하는 것이다. 즉, **행동에 따르는 자연스러운 결과나 논리적으로 당연한 결과를 경험하게 함으로써 더 건설적인 방향으로 이끌어갈 수 있다.**

자연적 결과란, 누군가의 개입 없이 일의 자연스러운 흐름에 따라 발생하는 것으로, 현실이 주는 압박을 있는 그대로 보여준다. 이는 '아무것도 하지 않는 것'에 기초한 방법이다. 다시 말해, 단순히 상대방이 자신의 행동으로 인한 결과를 겪도록 내버려두는 것이며, 그 충격을 완화하려 노력하지 않는 것을 의미한다.

캐시와 직장 동료들은 출퇴근을 더 즐겁게 하고 비용도 절약하기 위해 카풀을 시작했다. 한 달이 지난 후, 동료들이 캐시를 데리러 올 때 캐시는 자주 5분 이상 늦었고, 이는 다른 사람들을 짜증나게 했으며 (교통 상황에 따라) 그들이 직장에 늦게 도착하는 원인이 되었다. 동료들은 이 문제에 대해 캐시와 몇 차례 이야기를 나눴지만 소용없었고, 결국 그들은 캐시에게 도착 후 2분 안에 준비가 되어 있지 않으면 그녀를 두고 떠나겠다고 말했다.

캐시는 동료들의 말을 이해했지만 정말 자신을 두고 떠나버렸을 때 큰 충격을 받았다. 너무 화가 나고 정신이 없어 자기 차 키를 어디에 뒀는지도 찾지 못했고, 결국 늦게 출발하는 바람에 출근 시간 교통체증에 휘말렸고, 회사에는 40분이나 지각해서 상사에게 호된 질책을 받았다.

일부 사람들은 캐시의 친구들이 가혹하고 불공평했다고 생각하지만 그렇지 않다. 캐시는 미리 결과를 알고 있었고 친구들이 캐시에게 말할 때의 어조나 몸짓은 매우 담담했다. 그들은 단순히 상황이 자연스럽게 진행되도록 놔두었을 뿐이다. 이것이 한 사람이 자기 책임감을 발전시키고 실천하도록 하는 가장 좋은 방법 중 하나다.

다음은 결과를 효과적으로 활용하는 데 도움이 되는 몇 가지 지침이다.

1. "내가 개입하지 않는다면 어떻게 될까?"라고 자문해보라. 자연적인 결과를 찾아보고 그것이 일어나도록 내버려두라.
2. 상황에 따라 "당신이 [행동 설명]하면, [결과 설명]하게 됩니다."라는 공식을 사용하라. 필요하다면 그 이유도 덧붙일 수 있다. 카풀의 경우, 캐시의 동료들은 "우리가 당신 집

에 도착했을 때 2분 이상 늦으면, 직장에 늦지 않기 위해 당신 없이 출발할 수 있어요."라고 말할 수 있었을 것이다.
3. 이 방법을 사용할 때 핵심은, 감정적으로 거리를 두는 것이다. 자연적 결과에 강한 감정이 수반되면, 그것은 처벌처럼 느껴질 수 있다. 만약 캐시의 친구들이 나중에 "우리를 탓하지 마세요. 우리가 당신을 두고 갈 거라고 말했는데도 우리를 기다리게 했잖아요! 이건 당신 잘못이에요!"라고 말했다면, 자연적 결과는 처벌처럼 느껴지고 실제로도 처벌이 되어버린다.

사람들은 며칠 동안 결과를 적용한 후에 기적을 기대하곤 한다. 하지만 상대방의 행동도 수년에 걸쳐 형성되어 온 것이라는 점을 기억하는 것이 중요하다. 결과를 적용하는 진정한 목표는 즉각적인 기적이 아니라, 스스로 이끌어내는 의미 있는 행동의 변화다.

‖ "아니요!"라고 말하라 ‖

이 책을 쓰는 일에 "예"라고 하기 위해서는, 내 시간을 요구하는 다른 사람에게 단호하게 "아니요"라고 말해야 할 때가 많았다. 혼자만의 시간을 갖기 위해 "예"라고 하려면, 나의 사랑하는 사람들뿐만 아니라 내 삶에 요구를 하는 다른 이들에게도 때로는 어려운 "아니요"를 말해야 한다.

"아니요"라는 단어는 매우 중요하며, 이를 말하지 못하는 사람들이 많아서, 한때 이 세 글자를 말하는 방법을 돕는 책 두 권이 동시에 베스트셀러 목록에 올라간 적도 있다.[40] 우리 대부분은 수많은 요청과 요구를 하는 사람들 속에서 살아간다. 그런데도 원하는 순간에 이 단순한 단어를 말하지 못하면, 결국 자신의 삶을 통제할 수 없게 된다. 그럼에도 불구하고, 많은 사람들은 가장 짧고도 어려운 이 단어를 직접 마주보고 말하는 것을 힘들어한다.

"아니요"라고 말하는 데 어려움을 느끼는 사람들은 보통 이 메시지를 전할 수 있는 다양한 방법을 떠올리지 못한다. 다음은 "아니요"라고 표현할 수 있는 여러 가지 방법이다.

반사적 듣기 후 '아니요'. 내 친구 중 한 명은 이 방법을 자주 사용한다. 그녀는 요청의 내용과 감정을 먼저 반영한 뒤, 정중하게 거절한다. "당신은 정말 내가 요트 경기에 크루로 참여해주길 바라는군요. 미안하지만, 이번 주말에는 할 수 없어요."

이유 있는 '아니요'. 상대방에게 "아니요"라고 말한 후 간결한 이유를 덧붙이는 방법이다. 이때 이유는 진솔해야 하며, 변명이 되어서는 안 된다. 예를 들어, 에드가 마리에게 테니스를 치자고 요청했을 때, 마리는 이렇게 말했다. "아니요. 그래도 고마워요. 바람이 이렇게 강할 때는 테니스를 치는 게 즐겁지 않거든요."

다음을 기약하는 '아니요'. 특정 요청을 거절하되, 다음 기회를 열어두는 방법이다. 숙련된 사이클 선수인 레이첼은 첫 레이싱 자전거를 사려는 톰에게 자전거 고르는 것을 도와주겠다고 했다. 토요일 아침, 마당 정리를 하려던 찰나에 톰이 전화를 걸어 말했다. "도와주기로 했잖아! 오늘이 그날이야! 같이 가볼까?" 그러자 레이첼은 이렇게 답했다. "오늘은 좀 힘들겠어. 하지만 다음주 토요일이라면 괜찮아."

반복하는 '아니요'. 이 방법은 한 문장으로 거절 의사를 밝힌 뒤, 상대가 뭐라고 하든 반복해서 같은 말을 하는 것이다. 특히 '절대 아니라고 받아들이지 않는' 사람들을 상대할 때 유용하다. 사용 방법은 다음과 같다.

1. 간결한 한 문장으로 거절 의사를 정하고, 상대방이 무엇을 말하든 그 문장만 사용한다.
2. 상대방이 말을 할 때마다 감정을 섞지 않은 차분한 목소리로 같은 거절 문장을 반복한다. 상대가 제시하는 다른 논점에 휘말리거나 대답하지 않도록 한다.
3. 끝까지 유지해야 한다. 반복적인 거절 의사를 상대의 요

구보다 한번 더 하면 된다. 상대가 여섯 번 말하면 일곱 번 대답하면 되고, 세 번 요청하면 네 번 거절하면 된다. 처음 몇 번의 대화에서 상대가 짜증낼 수도 있지만, 요청이 통하지 않는다는 것을 깨닫게 되면 결국 당신의 거절을 받아들이게 된다.

내 아내 도트는 최근 미용사와 있었던 일화를 들려주었는데, 아내는 그 미용사의 성격을 무척 좋아했지만 자주 그녀에게 설득 당해 자신이 원하는 스타일이 아닌, 미용사가 생각하기에 가장 어울리는 스타일로 머리를 하곤 했다. 하지만 결과는 거의 그녀의 마음에 들지 않았고 결국 도트는 이번에는 '고장 난 레코드 기법'을 사용하기로 했다.

미용사 : 이번에는 머리에 하이라이트를 넣어볼까요?
도트 : 아니요, 그냥 원래 색을 유지하고 싶어요. 하이라이트는 원하지 않아요. 그냥 모양만 다듬어주세요.
미용사 : 하이라이트를 넣으면 얼굴이 훨씬 부드러워 보일 거예요.
도트 : 하이라이트는 원하지 않아요.
미용사 : 평범한 짙은 갈색 머리보다 훨씬 더 잘 어울릴걸요?

도트 : 하이라이트는 원하지 않아요.

미용사 : 뉴욕에서 열린 헤어쇼에 다녀왔는데, 정말 멋진 하이라이트 제품을 가져왔어요. 분명 마음에 드실 거예요.

도트 : 하이라이트는 원하지 않아요.

미용사 : 얼굴 주변에 살짝만 넣어보는 건 어때요?

도트 : 하이라이트는 원하지 않아요.

미용사 : 정말로 컷트만 하고, 하이라이트는 안 하실 건가요?

도트 : 하이라이트는 원하지 않아요.

미용사 : 알겠어요. 이번에는 컷트만 하고 하이라이트는 하지 않을게요.

여섯 번이나 반복해야 했지만, 결국 도트는 원하는 컷트를 받을 수 있었고, 그 외에도 정말 마음에 들었던 미용사와의 관계도 유지할 수 있었다.

단호한 '아니요'. 이러한 유형의 거절에서는 상대방의 말에 대해 고민하거나, 이유를 설명하거나, 다음 기회를 제안하지 않아도 된다. 거절에 대한 이유를 반드시 말해야 할 필요는 없으며, 추가 질문에 답할 의무도 없다. 물론, 상대방을 고려한다면 간단한 설명을 덧붙이는 것이 좋을 수도 있다. 단도직입적인 '아니요'는 직설적이긴 하지만, 장황한 변명이나 불필요한 합리화보다 더 적절한 대응일 때가 많다. 물론, 이런 방식이 항상 최선의 선택은 아니지만, 상황에 따라 적절하게 사용해볼 수 있다.

어떤 형태의 "아니요"를 사용하든, 그 효과는 결국 당신의 내적 확신에 달려 있다. 우리는 대개 타인의 행동을 어느 정도까지는 받아들이지만, 결국 더 이상 용납할 수 없는 한계가 존재한다. 조너선 와이스$_{Jonathan\ Weiss}$는 이를 '절대적 거절$_{absolute\ no}$'이라고 명명했다.[41] 이러한 한계를 명확하게 전달하는 것이 중요하다. 강한 내적 결단력과 함께 분명하게 의사를 표현하면, 상대방도 거의 항상 그 경계를 존중하게 된다.

‖ 대화중단 ‖

인간관계에서는 일시적인 대화중단, 또는 영원한 대화중단이 적절한 경우도 있다.

• 일시적인 대화중단 •

결혼 초기에 아내 도트와 내가 둘 다 극심한 스트레스와 피로에 시달렸을 때, 일시적인 대화중단이 자주 일어났다. 나는 교육과정 때문에 감정적으로 고갈된 상태였기 때문에, 집에 오면 도트에게서 따뜻한 위로를 받고 싶었다. 그런데 그 당시 도트도 자신의 일 때문에 정서적으로 고갈된 상태여서 나에게 그런 것을 베풀 여력이 없었다. 나를 위해 그녀의 에너지를 쏟아주지 못할 뿐만 아니라 그녀 역시 나의 사랑과 정서적인 배려를 간절히 바라고 있었다. 하지만 나 역시 그렇게 해주지 못해 서로의 요구를 충족시켜주지 못하던 우리는 자주 싸웠다. 생산적으로 싸우는 방법을 알고 있었음에도 우리는 그때 너무 피폐해 있었기 때문에 그렇게 하지 못했다. 신혼 시절의 심각한 고민거리를 안고 우리는 심리치료사를 찾아갔다.

심리치료사는 우리 감정이 고갈되었을 때는 서로 얘기하지 말라고 충고했다. 서로에 대해 우리가 취한 대화중단은 여러 가지 형태를 띠었다. 가끔은 방에 함께 있으면서 각자의 일을 하는 경우도 있었다. 그것은 적대적인 대화중단이 아니었다. 우리가 긍정적인 방식으로 다시 지내기 위해서는 어느 정도 창의적인 고독이 필요하다는 것을 서로 인정하자고 터놓고 얘기했기 때문이다. 우리는 그의 충고에 따랐고 시간이 지나면서 그가 말했던 대로 우리의 감정 저장고는 다시 차올랐다.

그후 일시적인 대화중단은 우리 생활의 중요한 일부가 되었다. 가끔 우리는 사람들로부터 자신을 일부러 '고립'시킨다. 그런 일이 일어나기 전에 미리 준비하고, 완전히 고갈 상태가 되기 전에 미리 대화중단을 계획하기도 한다. 지치기 전에 사람들의 여러 가지 요구사항에서 잠시 벗어난다면, 혼자 있는 시간은 더 충만해지고 다른 사람과 함께 있는 시간도 더 풍성해진다.

· **영구적 대화중단** ·

편의상 인간관계를 다섯 가지로 구분해서 생각해보자.

1. 매우 유익한 관계 – 내 인생에 커다란 도움을 주는 관계
2. 어느 정도 유익한 관계 – 나도 발전하면서 인생을 즐기는 데 도움이 되는 관계
3. 그저 그런 관계 – 나에게 이익도 해도 되지 않는 관계
4. 약간 해로운 관계 – 나의 자아와 인생을 즐기는 데에 조금 해를 끼치는 관계
5. 매우 해로운 관계 – 내게 적대적이고 심적으로 괴롭히는 매우 해로운 관계

때로는 어떤 한 사람과의 관계가, 도움이 되기도 하고 해가 되기도 한다. 우리는 모두 여러 가지 해로운 관계를 경험한다. 해로운 관계를 맺는 대상은 이웃사람일 수도 있고, 그냥 알고 지내는 사람일 수도 있고, 좋은 친구, 자식, 부모일 수도 있다.

한 쪽 또는 양 당사자가 서로 피폐해지는 해로운 관계가 오랫동안 계속될 때는 어떤 방도를 취해야 할까? 나는 먼저 그 관계가 나에게 중요한지 그렇지 않은지를 판단한다. 중요하지 않다면 관계를 당장, 그것도 영원히 청산한다. 내 시간과 에너지를 쏟을 관계는 너무나 많다. 다른 좋은 환경이 있다면 나는 굳이 몸에 해로운 환경에서 살지 않을 것이다. 마찬가지로 좋은 사람들도 많은데 왜 해로운 인간관계 때문에 괴로워한단 말인가?

만일 내게 중요한 관계라면, 그때는 '자기수정법$_{\text{self-modification methods}}$'이나 자기주장 기술을 사용하여 그 사람과의 관계를 개선하려고 노력할 것이다. 내 경험으로 어떤 한 사람과 오랫동안 괴로운 관계를 지속한 적이 있었는데(하지만 기본적으로는 쓸데없는 고통이 아니라 성장을 위한 고통이었다), 이 사람과의 관계에서나 다른 사람과의 관계에서 고생한 보람이 있었다. 그리고 지금은 서로에게 도움이 되는 좋은 관계가 되었다. 또 어떤 사람과는 관계를 개선하기 위해 몇 년 동안 분투한 적도 있다. 그 관계는 우리 모두에게 중요했고, 둘 다 의사소통 기술에 상당한 지식이 있었지만 노력은 결국 허사로 끝났다.

중요하지만 해로운 관계를 개선하는 것이 실패하면 나는 그 관계를 청산한다. 대부분의 경우 해로운 관계를 과감하게 끝내는 것이 현명한 선택이다. 경우에 따라 정도는 다르겠지만, 관계를 개선하거나 과감하게 끝내지 않으면, 해로운 관계는 다른 인간관계에도 악영향을 주고 나아가 그 사람의 자아까지 위축시킬 것이다.

| **자신의 영향력을 적극적으로 표현하는 방법들** |

많은 사람들은 자기주장이란 단순히 자신의 욕구를 방해하거나 권리를 제한하는 사람이나 집단에 맞서는 것이라고만 생각한다. 하지만 그렇지 않다! 진정한 의미의 자기주장이란, 자유롭고 건설적으로 자신을 표현하는 것이다. 우리가 세상에 영향을 미칠 수 있는 방법은 무궁무진하지만, 의사소통에서 우리가 활용할 수 있는 세 가지 방법은 자기 노출, 설명형 인정(상대방의 구체적인 행동이나 성과를 관찰하고, 그것을 상세히 설명하면서 인정해주는 커뮤니케이션 방식), 그리고 스펙트럼 반응이다.

∥ **자기 노출** ∥

시드니 쥬라드 Sidney Jourard는 이렇게 썼다.

모든 사람들은 시시각각 다음과 같은 선택사항에 맞닥뜨린다.

우리 자신을 있는 그대로 다른 사람에게 보여줄 것인가, 아니면 다른 사람으로 인식되도록 장막 뒤에 숨을 것인가? 어느 쪽이든 선택할 수 있지만, 우리는 오랫동안 진실한 모습을 가면 속에 숨기는 쪽을 선택했다. (중략)
비난과 거절이 두려워 우리의 진실한 모습을 위장한 결과, 우리는 혹독한 대가를 치른다. 우리의 거짓 모습을 본 사람들은 우리를 오해하고, 우리가 오해를 받으면, 특히 친구와 가족으로부터 오해를 받으면 우리는 '고독한 군중의 일원'이 된다. 더 나쁜 것은 우리가 다른 사람들에게 진짜 모습을 숨기는 데 성공하면, 우리 자신마저 진정한 자아를 영영 못 찾는다는 것이다.[42]

자기 노출이란, 타인 앞에서 있는 그대로의 자신을 드러내는 것이다. 이는 머리로 생각하는 것과 마음으로 느끼는 바를 모두 정직하게 표현하는 것으로, 자신의 내면을 감추지 않고 드러내는 것, 그 이상을 의미한다. 쉽게 말해 자신의 감정을 말과 몸짓으로 솔직하게 표현하는 것이며, 결국 자신의 감정을 온전히 받아들이고 표현하는 것이다.

사람들에게 감정을 이렇게 직접 표현하는 일은 드물고 쉽지도 않다. 롤로 메이(Rollo May)는 이렇게 말했다. "가장 용기가 필요한 행동은 …… 꾸밈없이 솔직하게 대화하는 것이다."[43] 자기주장을 하는 사람들의 목적은 감정적으로 벌거벗는 것이 아니라, 어떤 상황과 관련된 감정을 진실하게 표현하는 것이다. 자기 노출은 다음과 같이 하는 것이 가장 좋다.

- 올바른 사람에게 : 감정을 이입하여 이해할 능력이 있는 사람
- 올바른 정도로 : 가슴 속에 든 말을 모두 털어놓을 수도 있고 일부만 털어놓을 수도 있다.
- 올바른 의도로 : 자기 노출의 목적은 자신을 드러내는 것이지, 상대에게 짐을 지우거나 자신을 과시하는 것이 아니다.
- 적절한 시간에 : 적당한 시간에, 그리고 상대방이 자신의 문제로 힘들어하지 않을 때
- 적절한 장소에서 : 이런 종류의 대화가 잘 이루어질 수 있는 장소에서

지나치게 솔직한 사람이 있는 것도 사실이지만 우리 대부분은 마음과 입 사이에 너무 많은 장벽이 있다. 사람들은 허구한 날 날씨나 학교, 직장 얘기를 하지만, 정작 중요한 내용 – 서로에 대해 어떻게 느끼는지 – 에 대해서는 입을 열지 않는다.

‖ **설명형 인정** ‖

설명형 인정은, '상대방의 어떤 행동이 정말 의미 있고 가치 있다'는 것을 구체적으로 전달하는 방법이다. 이런 방식의 인정은 상대방에게 긍정적인 영향을 주고 서로의 관계도 더 좋아지게 만들 수 있다.

사람들이 말로 누군가를 지지하려고 할 때는 보통 세 가지 방식 중 하나를 택한다. 그중 아첨은 진심이 아닌 말을 하는 것으로, 진정성이 없는 표현이다. 대부분의 사람들은 속셈을 숨기고 칭찬하는 사람들을 경계한다.

평가적 칭찬은 다른 사람이나 그들의 행동을 긍정적으로 판단하여 표현하는 것이다. "제시카, 너는 정말 최고야." 이런 종류의 칭찬에는 '훌륭해', '대단해', '완벽해' 같은 극찬하는 표현들이 자주 사용된다. 특히 한 사람의 전체적인 면을 긍정적으로 평가하는 이런 방식의 칭찬은 실제로는 거의 도움이 되지 않는다. 이는 ①권 CHAPTER 2에서 언급했던 의사소통의 장애물 중 하나로, 하임 기노트(Haim Ginott) 박사는 이런 평가적 칭찬을 피해야 하는 이유를 이렇게 설명했다.

평가적 칭찬은 오히려 불안감을 키우고, 다른 사람에게 의존하게 만들며, 방어적인 태도를 갖게 한다. 이런 식의 칭찬은 스스로 설 수 있는 힘, 스스로 방향을 정하는 능력, 자신을 통제하는 능력을 키우는 데 전혀 도움이 되지 않는다. 이러한 능력은 내적 동기부여와 자기 평가에 기반을 두어야 한다.[44]

설명형 인정은 구체적이며, 행동에 기반하고, 진실성이 있다. 유명한 첼리스트 파블로 카잘스Pablo Casals의 삶에서 있었던 한 사건은 평가적 칭찬과 설명형 인정의 차이를 잘 보여준다. 그레고르 피아티고르스키Gregor Piatigorsky라는 젊은 첼로 연주자가 처음 카잘스를 만났을 때, 카잘스는 그에게 연주를 해보라고 시켰다. 긴장하고 있던 그는 어처구니없이 형편없는 연주를 했다. 너무 엉망이어서 그는 소나타를 연주하다가 그쳐버렸다. 하지만 카잘스는 박수를 치며 "굉장한 걸! 정말 놀라워!" 하고 외쳤다. 피아티고르스키는 이렇게 회상했다. "나는 당황한 채 그 자리를 떴습니다. 그렇게 형편없는 연주를 보고 그분은 왜 그런 칭찬으로 나를 어리둥절하게 했을까 하고 생각하면서 말입니다."

몇 년 후, 이 저명한 첼로 연주자 두 사람이 다시 만났을 때 피아티고르스키는 카잘스에게 자기가 예전에 칭찬을 받고 어떤 기분이었는지를 털어놓았다. 그 말을 듣고 카잘스는 화난 듯이 첼로에 달려들었다. "이것 봐!" 그는 베토벤의 소나타 중 한 악구를 연주하면서 이렇게 말했다. "자네는 손가락을 이런 식으로 짚지 않았나? 그게 내게는 참신하게 느껴진 거네. …… 그리고 이 부분에서 자네는 활을 위로 힘차게 그으면서, 이렇게 켜지 않았어?" 그 거장은 마음에 들었던 부분을 강조하며 당시 피아티고르스키가 했던 식으로 그 곡을 모두 연주했다. 젊은 첼리스트는 그날 저녁에 대해 이렇게 말했다. "나는 위대한 예술가이자 친구와 함께했던 느낌을 안고 떠났다."[45]

  몇 년 전이나 그때나 카잘스가 의도한 바는 똑같았다. 그 젊은 음악가의 훌륭한 기술을 인정해주는 것이었다. 하지만 그 방법과 결론은 달랐다. 처음 만났을 때, 그는 평가형 칭찬을 사용하여 말했다. 그 말에 피아티고르스키는 어리둥절하고 당황했고 어쩌면 화가 났을 수도 있다. 다음에 만났을 때 카잘스는 같은 행동에 대해 설명형 인정을 했고, 그제야 피아티고르스키는 자신의 예술적 재능에 대한 명확한 설명을 들으며 깊은 감동을 받았다.

  설명형 인정은 3요소 자기주장 메시지와 구성요소가 비슷하다. 첫째, 그것은 상대방의 행동과 그 행동의 결과를 명료하게 설명한다. 그가 하고 있는 행동이나 이미 한 행동에서 인정할 만한 것이 무엇인지를 말해주는 것이다. 목적은 상대방의 실제 업적이나 행동 또는 성취한 결과물을 정확하게 설명하는 것이지, 그 사람의 품성이나 성격을 평가하는 것이 아니다. "네가 방금 닦은 유리창에는 먼지 하나 없구나." 하는 것이 여기에 속한다.

둘째, 상대방에게 그 행동에 대해 당신이 어떻게 느끼는지 또는 어떻게 평가하는지를 말해준다. 말로만 하지 말고 목소리에도 그런 뜻을 담아서 전달해야 한다. "할머니 할아버지가 오시기 전에 네가 방을 깨끗이 치워놔서 다행이다. 예전에는 집이 지저분하다느니 하는 문제로 항상 집안이 시끄러웠잖니." 이런 식으로 말하라. 설명형 칭찬을 할 때 어떤 사람들은 항상 '감사하다', '고맙게 생각한다'라는 말을 쓰는데, 가능하면 다른 감정 표현어를 찾아 쓰는 것이 좋다.

셋째, 다른 사람들의 행동이 당신에게 긍정적인 영향을 끼쳤으면 그것도 이야기한다. 예를 들면 다음과 같다. "오늘 나 대신 당신이 아이들을 병원에 데려가서 한숨 돌렸어요. 덕분에 오늘 저녁 회의 때 발표할 내용을 여유 있게 준비할 수 있었거든요."

설명형 인정 메시지에 들어갈 내용은 한 문장으로 압축해서 말하라. 그렇게 하면 효과도 크고, 판단하는 말들이 끼어들지도 않기 때문이다. "당신이 _____하니까 _____하게 되어 제 기분이 _____해요." 공식은 설명형 인정을 처음 시작한 사람이 2~3부분으로 나누어 말하는 데 도움이 될 것이다.

"당신이 이 프로젝트에 함께하기로 했을 때, 저는 정말 기뻤

습니다. 당신의 전문성이 우리의 성공에 큰 자산이 될 거라고 믿습니다."

"내가 병석에 있는 동안 네가 매주 편지를 보내줘서 외로움이 덜했어."

"당신이 내게 일요일 아침마다 특별 요리를 만들어주니까 내가 사랑받고 있다는 느낌이 들어."

이 공식은 너무 형식적으로 보일지 모르지만 두 가지 점에서 유익하다. 먼저, 일반적으로 많이 퍼져 있는 평가형 칭찬 형식을 깨는 데 도움이 되고, 그냥 지나쳤을지도 모를 상대방의 행동과 그것으로 인한 영향을 구체적으로 표현할 수 있다. 이 공식을 머릿속에 잘 담고 있으면, 점차 다음과 같은 자연스러운 표현을 사용하게 될 것이다.

"저한테 사준 새 재킷이 정말 맘에 들어요."
"당신이 쓴 보고서 지면 배치가 훌륭해요."
"병문안을 와주신다니 정말 감격했어요."
"지난달에 이 그룹이 달성한 생산량을 보고 놀랐습니다."

일단 설명형 인정 메시지를 보냈다면, 당신이 한 말을 상대방이 생각해보거나 그에 대응하도록 조용히 기다리는 것이 좋다. 설명형 인정이 잘 작성되었다면 상대방은 즉시 그 메시지를 받아들인다. 그들은 긍정적인 피드백을 무시하고 이런 식으로 말한다. "별거 아닌데요, 뭐", "운이 좋았을 뿐이에요."

상대방이 설명형 인정을 담은 메시지를 잘 받아들일 수 있도록 돕기 위해, 우리는 상대방의 무심한 반응을 받아들일 준비가 되어 있어야 한다. 또한, 그 의미를 되새겨준 후, 메시지를 다시 전달함으로써 궁극적으로 상대방이 그 뜻을 듣고 내면화할 수 있도록 하면 된다.

‖ 스펙트럼 반응 ‖

스펙트럼 반응은 다른 사람의 생각이나 관점 또는 어떤 대책에 대해 당신이 일부만 동의한다는 것을 긍정적이고 솔직하게 표현하는 방식이다. 시네틱스 사의 조지 프린스$_{George\ Prince}$와 그의 동료들은 회의에서 제기된 아이디어가 충분히 설명되고 이해되기도 전에 '폐기'되는 경우가 많다는 것에 주목했다.

이렇게 되면 아이디어를 내놓은 사람은 자존심에 상처를 입고 그 집단의 신뢰 수준과 창의성도 점차 퇴보한다. 그래서 많은 관리자들은 창의성과 의욕을 짓밟지 않으면서 직원들을 비판하는 방법이 필요하다고 느꼈다. 부하직원들이 명백하게 비실용적인 아이디어를 내놓았을 때, 그들에게 상처를 주지 않고 사기도 떨어뜨리지 않으면서 다른 아이디어를 생각해내도록 고무시키는 방법을 찾고 있었던 것이다. 이와 관련하여 시네틱스 사는 가정에서나 학교, 회사, 그리고 자원봉사 조직까지 폭넓게 사용할 수 있는 3단계 과정을 개발했다.

첫 단계는 아이디어를 듣고 이해하는 것이다. 이것은 대단한 훈련이 필요하다. 완벽한 아이디어나 완벽하게 쓸모없는 아이디어는 거의 없는데, 사람들은 그 아이디어의 단점에 대해서만 말하고 장점은 무시해버린다. 아이디어의 단점이 먼저 보이는 것은 자연스러운 현상이다. 그러므로 그것을 무조건 거부할 것이 아니라 말로 표현하지 말고 잠깐만 기다려보라.

먼저 당신의 모든 능력 - 이성, 느낌, 직관 등 - 을 그 아이디어의 장점에 집중하라. 새로운 아이디어에 대한 부정적인 생각을 잠시 보류한다면, 당신은 그 아이디어를 보완하여 발전시키고 더 창의적으로 만들 수 있다.[46]

때때로 다른 사람이 한 말에서 좋은 점을 하나도 발견할 수 없다는 생각이 들 때도 있을 것이다. 스펙트럼 접근법에 따르면, 그런 경우에는 상대방에게 아이디어에 대해 좀 더 설명해보라고 권하고 좋은 점에 귀를 기울여야 한다. 프린스는 이렇게 주장한다.

"어떤 제안이든 장점은 있다. 다만 우리가 단점만 의식하고 있기 때문에 장점을 알아채지 못하는 것이다. 점차 경험이 쌓이면 모든 제안에는 반드시 좋은 점이 있다는 것을 깨닫게 되고, 그것에서 활용할 만한 아이디어를 포착하는 능력이 생긴다. 그렇게 되면 우리는 상대방과 관점이 다르다는 이유로 토론을 교착상태로 만드는 것이 아니라 생산적인 방향으로 이끌 수 있다."[47]

일단 전체적인 스펙트럼을 이해했고 그 아이디어의 단점뿐 아니라 장점까지 인지했으면 2단계에 들어간다.

2단계에서는 그 아이디어에서 생각해볼 가치가 있는 부분을 상대방에게 얘기한다. 마음에 드는 점이 무엇인지 얘기하라. 그리고 상대방이 말한 내용에 장점을 강화시켜줄 자료나 아이디어를 보태라. 그 아이디어에 당신이 할 수 있는 기여를 하되, 상대방이나 그 아이디어를 깎아내릴 의도는 없다는 것을 확실히 표명하라.

마지막으로, 그 아이디어에서 당신이 걱정하는 부분을 이야기하라. 염려되는 바가 무엇인지 정확하게 전달되도록 단어를 신중하게 선택하라. 비난 섞인 단어는 피하고 전체적으로 뭉뚱그려 말하지 말라. 프린스는 여기에 다음과 같이 덧붙인다. "부정적인 면을 입증하려고 노력하기보다는 그것을 해결해줄 방안을 찾는

데 중점을 두라. 할 수 있으면 단점을 해결할 만한 대책도 생각해 보라."[48]

긍정적인 의견과 우려가 동시에 제기될 때, 논의의 대상이 된 사람은 종종 진심 어린 긍정적인 요소조차 과소평가하는 경향이 있다. 이와 같은 경향을 극복하기 위해, 내 친구는 의견을 말하기 전에 이렇게 덧붙인다. **"나는 이 아이디어가 전체적으로 정말 마음에 들어, 하지만 몇 가지 우려되는 점도 있어. 내 모든 생각을 함께 나누고 싶어."**

스펙트럼 반응의 태도와 방식은 회사와 학교, 가정에서 대화의 분위기를 바꿀 수 있다. 또한 집단적인 대화에서나 일대일 대화에서 창의성을 촉진할 수 있다. 하지만 이해하기 쉬운 방법인데 반해, 사용하는 사람 입장에서는 충분한 훈련이 필요한 방식이기도 하다.

| 비공식적인 자기주장 |

나는 특정한 방법을 따르지 않고 비공격적인 방식으로 자신의 필요를 충족하는 것을 '비공식적 자기주장informal assertions'이라고 부른다. 이러한 방식은 나 자신이나 상대방이 큰 스트레스를 받고 있지 않거나, 그 주장이 상대방에게 큰 긴장을 유발할 가능성이 적을 때 가장 적절하다.

내가 보내는 자기주장 메시지 대부분은 비공식적 주장이다.

"짐, 이번주 일요일에 손님이 오니까 토요일에 잔디를 깎아주면 좋겠어."

"네가 앞 현관 난간에 운동복을 걸어두는 게 마음에 들지 않아."

"적절한 계획을 세우려면 재고 보고서를 매주 금요일마다 받아야 해."

"좀 도와줄래? 이건 나 혼자 옮기기엔 너무 무거워."

"내 작업대를 창고처럼 사용하지 않았으면 해. 네 물건을 언제 치우면 좋을까? 오늘 밤? 좋아. 그럼 내 작업을 위해 작업대 위를 깨끗이 비워주면 좋겠어."

이러한 비공식적 자기주장은 특정한 공식을 따르지 않는다. 이는 나의 필요와 개인적인 공간의 경계를 다른 사람들에게 자연스럽게 알리는 즉흥적인 방식이다. 또한 부정적인 행동을 피하면서, 상대방을 깎아내리거나 방해하는 표현 없이 전달되었다.

| 자기주장의 아우라 |

어떤 교사는 한 마디도 하지 않은 채 교실 앞에 서 있기만 해도 학생들의 관심과 존경을 얻는 반면, 다른 교사는 소리를 질러도 학생들의 주의를 끌거나 유지하지 못하는 경우가 있다. 전자의 교사는 우리가 '자기주장의 아우라'라고 부르는 것을 지니고 있으며, 반면 후자의 교사는 그것을 갖추지 못한 것이다.

자기주장의 아우라는 우리가 좀 더 자기주장을 잘할 수 있게 되면서 발달하는 신체언어에서 주로 비롯된다. 의식적으로 노력하지 않더라도, 자기주장을 잘하는 사람들은 자신의 공간을 정의하고, 건강한 자존감을 전달하며, 타인의 권리와 존엄성을 인정하면서도, 자신의 권리와 존엄성을 지킬 것이라는 신호를 보낸다.

처음에는 자기주장을 하는 것이 지속적인 의식적 노력을 필요로 할 수 있지만, 시간이 지나면서 이러한 노력 없이도 자연스러운 영향력을 통해 자기주장의 많은 부분을 이룰 수 있게 된다.

| 요약하자면… |

자기주장을 강화하는 방법에는 여러 가지가 있는데, 이번

CHAPTER에서는 다음과 같은 방식을 설명했다.

- 자기보호를 위한 추가적인 자기주장 기법
  - 관계형 자기주장
  - 선택사항
  - 자연스럽고 논리적인 결과
  - 대화중단
- 적극적인 자기주장 방법들
  - 자기 노출
  - 설명형 인정
  - 스펙트럼 반응
- 비공식적인 자기주장

시간이 지남에 따라 자기주장 방법이 발전하면, '독특한 아우라'가 발산될 것이다. 그렇게 되면 자기주장 메시지를 의식적으로 사용하지 않고도 자신의 요구사항을 더 쉽게 관철시킬 수 있다.

불완전한 인간들이 살고 있는 세상에서 갈등은 필연적으로 창의성과 연관된다. 갈등 없이는 개인의 의미 있는 변화도 사회적 진보도 없다. 한편, 다루기 어려운 갈등(현대의 전쟁처럼)은 그것으로 지키려고 했던 대상까지 파괴한다. 그러므로 갈등 다루기는 아주 중요한 기술이다. 이 기술은 갈등을 필요한 것으로 받아들이고 심지어는 부추기기도 한다. 하지만 이때 갈등이 변화의 핵심이 된다면, 부정적인 면을 최소한으로 줄이고 가능한 한 신속하고 생산적으로 문제를 해결하도록 최선을 다해야 한다.[49]

- 하비 세이퍼트 Harvey Seifert, 사회학자 &
하워드 클라인벨 주니어 Howard Clinebell Jr., 목회상담가

| PART 2 |

갈등 관리 기술

‖ CHAPTER 5 ‖

갈등 예방과 통제

갈등 관리에 있어 '해결'과 '통제'라는 두 가지 다른 목표를 구별할 수 있다. 갈등 당사자나 중재자는 두 가지 방식으로 접근할 수 있다. 하나는 '해결'을 추구하는 것으로, 처음에 있었던 의견 차이나 대립 감정을 완전히 없애는 것을 목표로 한다. 다른 하나는 '통제'를 추구하는 것으로, 서로 다른 의견이나 적대감은 여전히 남아 있더라도 그로 인한 부정적 영향을 줄이는 데 초점을 맞춘다.[50]

-리처드 월튼 Richard Walton, 조직 컨설턴트

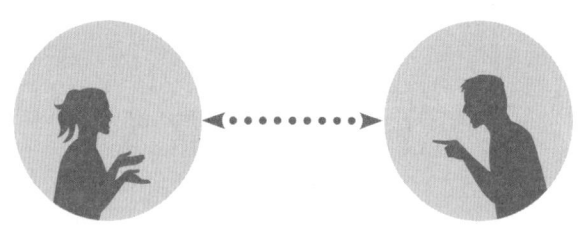

| 갈등은 불가피하다 |

인간은 필연적으로 갈등을 겪게 마련이다.

며칠 전 저녁에 아내와 나는 우리가 지난 몇 년간 견뎌 왔던 갈등에 대해 생각해보았다. 우리는 조용하고 평온하게 살아온 편이었는데도 그동안 회사나 집에서, 그리고 인구가 3,500명밖에 안 되는 좁은 이 지역에서 일어났던 분쟁의 수와 그 심각함을 돌이켜보고 깜짝 놀랐다.

나아가 우리는 사회에서 일어나는 갈등에 대해서도 생각해보았다. 뉴스에서는 노동자와 사용자의 갈등, 도시와 농촌의 갈등, 백인과 흑인의 갈등, 환경론자와 정유회사의 갈등 등을 자세히 전한다. 해외 뉴스에서는 쿠데타와 침략, 납치, 암살, 경제 제재, 병력 증강, 협상 결렬 등의 소식이 들려온다. 그중 많은 문제들이 직간접적으로 우리에게 영향을 미친다.

세상에 갈등이 많다는 것에 자주 놀라곤 하지만, 일상에서 벌어지는 사소한 다툼들이 나를 더욱 당황스럽게 만든다. 이기심, 폭로, 오해, 분노, 그리고 관계를 왜곡하고 깨뜨리는 요소들을 완전히 극복하는 것은 불가능하다. 플로렌스 올숀Florence Allshorn이 말했듯이 "우리가 얼마 동안은 사랑할 수 있지만 그것은 결국 사라지고 만다."[51] 우리가 바랄 수 있는 최선은 '갈등을 뛰어넘어 진정한 평화를 이루는 것'이다.[52]

| 갈등은 분열시키거나 파멸시킨다 |

나는 갈등을 싫어한다. 그것을 피하거나 초월할 수 있는 건전한 방법을 찾고 싶다. 하지만 그런 방법은 없다.

내가 갈등을 몹시 싫어하는 것은 그것이 인간관계를 분열시키고, 더 심하면 완전히 파괴하기 때문이다. 갈등은 한번 폭발하면 통제하기 어렵고, 파괴적인 언쟁은 주변에까지 영향을 미친다. 그것은 처음의 원인에서 떨어져 나와 아무 관계없는 일에까지 퍼지고, 잊혀진 뒤에도 오랫동안 영향이 계속되는 경우가 많으며, 관련된 사람들이 모두 피폐해질 때까지 계속 심화된다.

| 갈등의 이점 |

감정적인 측면에서 볼 때, 우리 대부분은 갈등이 품은 가능성보다는 위험성을 더 잘 인식하고 있다. 그럼에도 불구하고 갈등에는 중요한 이점도 있다. 한 가지 예를 들자면, 사회과학자들은 갈등을 공개적으로 마주할 때에만 사랑이 지속될 수 있다는 것을 발견했다. 사회학자 깁슨 윈터 Gibson Winter 는 그의 저서 《사랑과 갈등 Love and Conflict》에서 이렇게 썼다.

> "오늘날 대부분의 가정에서 감정 억압을 줄이고 정직한 갈등은 더 필요하다. (중략) 물론 갈등을 표출하기에 적절한 시기와 상황이 있다. 적대적인 감정을 아무 때나 표현하는 것은 누구에게도 도움이 되지 않는다. 하지만 이러한 감정들이 표출되어야 할 때가 있다. (중략) 갈등 없이는 진정한 친밀감을 찾을 수 없다. (중략) 사랑과 갈등은 분리할 수 없다."[53]

이 주장은 어떤 흥미로운 실험을 통해 입증되었다. 위스콘신대학교의 해리 할로우Harry Harlow 박사는 원숭이 몇 세대를 기르면서 싸우지 않는 어미 아래서 자란 원숭이들은 사랑도 하지 않는다는 사실을 밝혀냈다.[54] 다른 유명한 학자 콘라드 로렌츠Konrad Lorenz 는 서로 공격적인 성향을 드러내는 새와 동물들은 '가장 친한 친구'가 된다는 것을 발견했다.[55] 마찬가지로 심리학자 에릭 에릭슨Erik Erikson은 인간관계에 관한 강의에서 사람들끼리 친밀감을 느끼지 못하는 이유는 '유익한 논쟁과 싸움을 하지 않기 때문'이라고 주장했다.

또한 스탠리 쿠퍼스미스Stanley Coopersmith의 연구는 가정에서 일어나는 특정 유형의 갈등이 아이들에게 건강한 영향을 미칠 수 있다는 것을 보여준다. 그의 연구에 따르면, 공개적인 이견과 불일치를 표현하는 경향이 있는 가정에서 자란 아이들은 매우 귀중한 자질인 높은 자존감을 갖게 되는 경향이 있다는 결과를 내놓았다.[56]

갈등의 또 다른 가치는, 정체되는 것을 막고 의욕과 호기심을 자극하며 창의성을 북돋운다는 것이다. 심리학자인 존 듀이John Dewey가 쓴 대로 "갈등은 생각을 자극하는 존재와 같다. 그것은 우리를 각성시켜 관찰하고 기억하게 만든다. 그것은 무엇인가를 발명하도록 부추기고 충격을 주어 우리가 수동성에서 벗어나 적극적으로 연구하게 만든다. 갈등은 반성과 창의력에 필수적인 요소이다."[57]

갈등은 또한 조직의 쇄신에 필수적인 요소이다. 하버드경영대학원의 리처드 월튼Richard Walton 교수는 갈등이 비즈니스 및 기타 조직에 미치는 긍정적인 영향을 강조했다.

조직 내 적절한 갈등은 몇 가지 긍정적인 효과를 준다. 첫째, 그것은 의욕과 에너지를 증가시켜 조직을 유지하는 업무에 도움이 된다. 둘째, 갈등은 관점을 다양화하고 요구 수준을 상승시켜 개인의 발전과 조직의 혁신을 자극한다. 셋째, 갈등의 당사자들은 자기 자신의 위치에 대해 더 잘 알게 된다. 왜냐하면 갈등이 일어나면 논쟁할 때 자신의 관점을 조리 있게 정리하여 표명해야 하기 때문이다. 넷째, 각 당사자는 자기 정체성에 대해 더 많이 이해할 수 있게 된다. 다섯째, 사람과 사람 사이에 갈등이 일어나면 당사자들 각자의 내면의 갈등은 줄어드는 경향이 있다.[58]

이번 CHAPTER 5와 CHAPTER 6, 7에 걸쳐 나는 갈등에 어떻게 대처해야 위험을 최소화하고 이익을 최대화할 수 있는가 하는 문제를 다룰 것이다.

| 비생산적인 갈등에서 생산적인 갈등으로 |

1954년에 진행된 유명한 실험에서, 11세와 12세 소년 몇 명이 2주 동안 여름 캠프에 참가했다. 그들은 일반적인 여름 캠프 활동에 참여했지만, 부모들이 미리 동의한 한 가지 사실을 아이들은 알지 못했다. 바로, 그들의 행동을 행동과학자들이 관찰하고 있었다는 점이다.

실험은 세 단계로 이루어졌다. 1단계가 진행된 기간은 1주일이었는데, 이 기간에는 두 집단에 공동체의식을 함양하기 위한 프로그램이 진행되었다. 두 집단은 서로 다른 버스를 타고 캠프에 도착했고, 집단별로 다른 통나무집에서 생활하면서 여러 가지 공동활동에 참가했다. 그들은 함께 요리도 하고, 수영도 하고, 여러 가지 야외활동도 했다. 그 결과 두 집단 사이에는 친밀감이 형성되었다.

실험 2단계에서, 과학자들은 두 집단 사이에 갈등을 일으키기 위해 한 집단을 희생시켜야 다른 집단이 목표를 달성할 수 있는 경쟁적인 상황 몇 가지를 만들었다. 이긴 팀에게만 보상이 돌아가는 경쟁적인 시합이 시작되었고, 그들이 야구·축구·줄다리기 등 경쟁적인 시합을 하는 동안 건전한 스포츠정신은 훼손되고 적대감이 싹텄다. 험담하기, 위협하기, 몸싸움이 일어났고, 상대방

집단의 통나무집을 습격하기도 했다.

3단계에서는, 분쟁을 줄이고 더 이상의 충돌을 막기 위한 전략이 몇 가지 제시되었다. 그런데 즐거운 행사로만 이루어진 두 집단의 접촉은 갈등을 줄이지 못했다. 두 집단은 함께 모여 영화를 보고, 같은 식당에서 식사를 하고, 불꽃놀이를 했지만, 이런 활동들은 갈등을 불식시키기는커녕 두 경쟁 집단이 욕을 퍼붓고 서로를 공격하는 빌미만 제공했다.

갈등은 두 집단이 서로 협력하지 않으면 성취할 수 없는 공동 목표를 위해 뭉쳤을 때에야 비로소 해결되었다. 그들이 사용하는 물은 1마일쯤 떨어진 탱크에서 파이프를 통해 캠프까지 공급되었는데, 행동과학자들은 물의 수급체계를 일부러 고장 냈다. 그러자 두 집단은 함께 그 문제를 고민했고 결국 해결했다. 또 그들은 공동으로 돈을 모아 자신들이 몹시 보고 싶어했던 영화도 보러 갔다. 한번은 캠프에서 떨어진 곳에서 트럭이 고장 났는데, 두 집단은 힘을 합쳐 그 트럭을 끌고 왔다. 물론 참가자들은 이런 사고들을 과학자들이 고의로 일으켰다는 사실을 모르고 있었다.

서로에 대한 적대감이 당장 사라지지는 않았지만 갈등은 점차 누그러졌고, 시간이 지남에 따라 친근한 상호작용으로 이어졌다. 두 집단은 함께 활동 계획을 세우기도 했고, 그러는 동안 그들 사이에는 동지애가 생겨났다. 두 집단 성원들은 캠프에 올 때는 각

자 다른 버스를 타고 왔지만, 집에 돌아갈 때는 함께 같은 버스를 타고 싶어했다.[59]

무자퍼 셰리프$_{\text{Muzafer Sherif}}$와 오클라호마대학교 동료들이 진행한 이 실험 이후, 로버트 블레이크$_{\text{Robert Blake}}$와 제인 무튼$_{\text{Jane Mouton}}$은 산업 조직에서 선발한 150개 이상의 거의 동일한 성인 그룹을 대상으로 추가 실험을 진행했다. 이 성인 대상 실험에서는 특정 조건 하에서 불필요하고 비생산적인 갈등이 촉발되는 반면, 다른 조건에서는 갈등을 완화하거나 예방하는 경향이 있다는 점이 밝혀졌다.[60]

| 내면의 갈등 줄이기 및 통제하기 |

갈등을 완전히 제거할 수는 없지만, 개인적인 갈등 예방 및 통제 방법을 쓰면 상당수의 불필요한 분쟁을 피할 수 있다.

갈등의 횟수를 줄이는 한 가지 방법은, 의사소통 방해요소를 사용하지 않는 것이다. 이것은 한 사람이라도 강한 불만이 있는 경우에 특히 중요하다. 명령(지배하려 하는 것), 위협, 비난, 험담, 그 외의 여러 가지 의사소통 방해요소는 갈등을 불러일으킨다.

타인이 강한 욕구를 가지고 있거나 문제를 겪고 있을 때 반사적 듣기를 실천하면, 놀라운 효과를 발휘할 수 있다. 이는 부정적인 감정을 해소하는 데 도움을 주며, 해결되지 않을 경우 심각한 갈등으로 발전할 수 있는 문제를 해결하도록 돕는 역할을 한다.

시의적절한 자기주장 기술은 최소한의 충돌로 자신의 요구조건을 충족시키도록 도와주며, 분쟁의 씨앗이 되는 감정의 격화를 막을 수 있다. 방어적인 자기주장 – "오늘은 책의 이 부분을 써야 되니까 집안에서 조용히 해주면 고맙겠어요."와 같은 – 을 이용하면 문제가 생기기 전에 미리 그것을 막을 수 있다. 갈등을 일으키는 가장 큰 원인은 잘못된 정보 전달과 정보의 부족인데, 자기주장과 듣기 기술은 이 두 가지를 막아준다.

한편, 다른 사람들과의 관계에서 불필요한 갈등을 촉발시키는 행동이 무엇인지를 알고 있으면 많은 분쟁을 미리 막을 수 있다. 사실 어떤 특정한 말이나 표정, 또는 행동은 일부 사람들을 자극하여 갈등 상황으로 몰고 간다. 그런데 이런 유인 행동들은 보통 현재의 관계와 거의 또는 전혀 상관이 없고, 어린 시절의 경험에 뿌리를 두고 있을 가능성이 크다.

관찰력이 뛰어난 사람은 하늘에서 태풍이 올 것이라는 예고를 '읽을' 수 있다. 마찬가지로 눈치가 빠른 사람은 자신의 행동이나 상대방의 행동에서 폭풍을 불러올 수 있는 신호를 알아차린다. 날씨는 어떻게 할 수 없지만, 대인관계에서 어떤 분위기를 감지하면 갈등에 효과적으로 대처할 시간과 해결책을 마련할 수 있다.

다른 사람에게 화풀이를 하지 않으면서 자신의 스트레스를 해소하는 것도 갈등을 방지하고 통제하는 중요한 방법이다. 일상생활에서 스트레스는 일어나게 마련이다. 그리고 어떤 사람은 이 스트레스를 다른 사람에게 전가하기도 한다. 내가 누군가에게 소리치고 욕하면 나는 스트레스가 풀리지만 그의 스트레스는 증가한다. 하지만 내가 방에서 소리를 지르거나 제3자에게 하소연하면서 내 감정을 발산하는 방법도 있다. 격렬한 운동과 경기, 성적인 활동도 자신의 스트레스를 다른 사람에게 전가하지 않고 해소하는 방법이다. 나는 이런 식의 갈등 해소법의 중요성을 점점 많이 느끼고 있다.

가족이나 친구들의 정서적인 지원도 다른 사람들과의 불필요한 분쟁을 줄여줄 수 있다. 우리들은 모두 인간관계에서 관심과 온정을 베푸는 방법을 알고 있으며, 대체로 사랑과 관심을 많이 받은 사람일수록 싸움을 할 가능성은 낮다.

다른 사람을 좀 더 이해하고 관용으로 대하는 것도 비실제적 갈등을 줄여준다. 한 사람의 관용과 이해심은 어느 정도 교육이나 유전적 요인에 의해 좌우되지만, 노력 여하에 따라 더 너그러워지고 더 이해심이 많아질 수 있다. 더 현명한 자기주장, 정서적

교류, 효과적인 의사소통 기술의 교육, 그리고 합리적 정서치료법의 지혜를 빌리면 관용과 이해심을 더 넓힐 수 있을 것이다.

'**쟁점 통제**issues control'**도 갈등을 조절하는 중요한 방법이다.** 로저 피셔Roger Fisher는 《국제 분쟁과 행동과학International Conflict and Behavioral Sciences》이라는 책에서 '통제'가 세계 평화를 이루는 데 '무력 억제' 못지않게 중요하다고 지적했다.[61] 국가 간 분쟁을 조정하는 데 필요한 이 지침은, 개인 간 갈등에 대처할 때도 유용하다. 쟁점 통제에서 중요한 것은 다음과 같다.

- 실제 문제에 바로 들어가는 것보다는 논쟁을 이끌어가기 위한 절차를 먼저 세우는 것이 좋다.
- 한 번에 한 가지 문제만 다루는 것이 좋다.
- 복합적인 문제를 한꺼번에 다루는 것보다는, 작은 문제들로 쪼개어 논의하는 것이 바람직하다.
- 당사자들을 모두 만족시킬 수 있는 용이한 문제부터 논의하는 것이 좋다.
- 마지막에는 근본적인 문제를 다루는 것이 중요하다. 싸움이 계속 일어날 때에는 누군가가 그것을 잠시 중단시키고 이렇게 말해야 한다. "우리가 이렇게 싸운다고 진짜 문제가 해결될까요?"

- 원칙과 원칙이 맞서도록 논쟁을 이끌지 않아야 한다. 가능하면 이념적인 용어도 사용하지 않아야 한다. 어떻게 해야 당신의 요구조건과 상대방의 요구조건이 모두 충족될지를 궁리한다. 가치관이 개입된 문제와 관련하여 로저 피셔는 이렇게 지적한다. "우리가 제대로 파악하고 제대로 적용하기만 하면, 우리의 원칙과도 충돌하지 않고 상대방의 원칙과 충돌하지 않는 해결책을 찾을 수 있다. 또한 상대방에게 그의 원칙을 버리지 않아도 된다는 것을 강조했을 때만이 그가 자신의 원칙을 포기할 가능성이 더 크다."[62]

갈등이 생긴 상황에서 상대방이 감정이나 의견을 쉽게 표현하지 못한다면, 그의 신념과 기분에 대해 말할 시간을 주는 것이 좋다. 그리고 일단 그가 얘기하기 시작하면 끝까지 들어줘야 한다. 언쟁을 하는 동안 사람들은 대부분 자기 얘기만 하려고 한다. "자, 당신은 이 일을 어떻게 생각하는지 듣고 싶군요." 하며 상대방에게 말할 기회를 주는 사람은 찾아보기 힘들다. 상대방이 다른 관점에서 얘기하는 동안, 우리 마음속에서는 그것을 반박하고 맹렬하게 공격하고 싶은 욕구가 일어난다. 그러므로 상대방에게 발언 기회를 주는 것만으로는 충분치 않고, 우리의 분노에 찬 공격도 억눌러야 한다.

마지막으로, 분쟁의 대가와 결과를 냉정하게 평가해보고 불필요한 논쟁을 하지 않는 것도 한 가지 방법이다. 분쟁의 대가를 측정하는 것은 쉬운 일이 아니다. 감정적인 상호작용은 예측할 수 없고 통제할 수 없는 경우가 대부분이기 때문이다. 하지만 그렇다고 해도, 어떤 결과가 나올 것인가를 미리 생각해보지도 않고 불필요한 논쟁을 시작하는 것은 어리석은 일이다.

| 조직 및 그룹 내 갈등 감소 및 통제하기 |

어떤 사회적 구조는 조직과 그룹 내에서 비생산적인 갈등을 유발하는 반면, 다른 절차와 체계는 갈등을 최소화하는 역할을 한다. 이제 가족, 그룹, 기업 및 기타 조직에서 기능적인 불화를 예방하는 다양한 방법을 살펴보자.

어떤 조직(또는 관계)의 구조는 그 안에서 발생하는 갈등의 정도와 관계가 있다. 예를 들어, 유진 리트왁 Eugene Litwak은 중앙집권적이고 관료적인 조직에는 그렇지 않은 조직에서보다 분쟁의 씨앗이 더 많다고 주장한다.[63] 레니스 리커트 Rensis Likert는 광범위한 연구를 바탕으로 조직들을 매우 경직된 조직에서 매우 유연한 조직까지 단계적으로 분류했다. 리커트의 주장에 따르면, 조직이 경직되

어 있을수록 반대의 경우보다 구성원들의 의사소통이 비효율적이고 갈등을 조절하기도 어렵다고 한다.[64]

리더의 성향과 조직을 이끄는 방식 또한 중요한 요소이다. 덜 방어적이고[65] 협조적인[66] 관리자는, 갈등을 보다 건설적으로 해결하는 방식을 활용하며, 갈등이 처리되는 방식에도 긍정적인 영향을 미친다.

집단 분위기도 분쟁의 횟수에 영향을 미친다. 건전한 경쟁도 있지만 대체로 이기고 지는 경쟁은 쓸데없는 갈등을 일으키고 논쟁의 효과를 떨어뜨린다고 한다. 반대로, 공동으로 노력해야 달성할 수 있는 목표가 있으면, 그것을 위해 협력하는 동안 진정한 화합이 이루어진다.[67]

잘 설계되고 명확하게 규정된 정책과 절차는 관련된 사람들의 이해와 지지를 받을 때 질서 있는 프로세스를 형성하여 불필요한 혼란과 갈등을 줄이는 데 도움이 된다. 교통법규가 존재하지 않는다면 도로에서 얼마나 많은 사고와 분쟁이 발생할지 상상해보라!

불만을 해결할 수 있는 체계를 마련하는 것이 필요하다. 케네스 볼딩 Kenneth Boulding은 조직화된 그룹 간의 갈등을 조정하는 데 있어 가장 중요한 요소는 단순히 합의를 이루는 것이 아니라, 불만과 요구사항을 해결할 수 있는 프로세스를 구축하는 것이라고 강조했다. 그에 따르면, 노동자와 경영진이 단순히 개별 사안의 해결에만 집중할 때는 큰 진전을 이루지 못했지만, 분쟁을 해결하는 과정 자체에 초점을 맞출 때 비로소 의미 있는 발전이 이루어졌다.[68]

갈등 관리를 위한 교육은 불필요한 갈등을 예방하는 것은 물론, 모든 관계나 조직에서 불가피하게 발생하는 갈등을 해결하는 데 필수적이다. 나는 갈등 관리 기술을, 경청, 자기주장, 협력적 문제 해결 기술을 포함하는 교육 프로그램에 포함시켜 가르쳐야 한다고 생각한다. 이상적으로는, 이러한 교육이 조직이 갈등을 보다 효과적으로 활용하기 위한 노력의 한 요소로 자리 잡아야 한다. 합의된 갈등 예방 및 해결방법, 원활한 의사소통 채널, 불만 처리 절차 등은 효과적인 교육과 결합될 때, 종합적인 갈등 관리 프로그램의 핵심 요소가 될 수 있다.

| 요약하자면… |

갈등은 인간 삶에서 피할 수 없는 요소이며, 최선의 경우에도 방해가 되고, 최악의 경우에는 심각한 파괴를 초래할 수 있다. 하지만 어떤 형태의 갈등은 중요한 이점을 제공하기도 한다.

비생산적인 갈등은 개인적 및 집단적 예방·통제 방법을 활용하면 상당 부분 방지하거나 조절할 수 있다. 본 CHAPTER에서 다룬 방법들이 그 예이다.

다음 CHAPTER 6에서는 갈등의 감정적 측면을 해결하는 검증된 방법을 소개한다. 뒤이어 CHAPTER 7장에서는 대부분의 갈등에서 나타나는 실질적인 차이를 조정하여, 양측의 필요를 충족시키는 해결 방법을 다룰 것이다.

‖ CHAPTER 6 ‖
갈등의 감정 요소 다루기

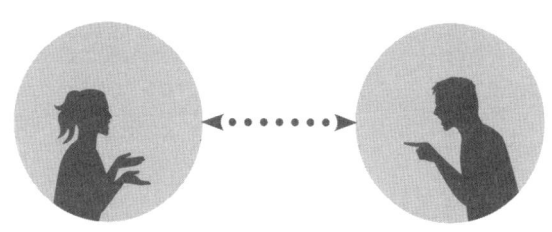

갈등이 있을 때는 실질적인 문제와 감정을 떼어놓고 생각하는 것이 유리하다. 갈등이 생겼을 때 느끼는 감정은 분노, 불신, 방어심리, 경멸, 원한, 두려움, 반감 등이다. 갈등의 당사자가 심하게 흥분해 있을 때는 감정적인 면을 먼저 다루는 것이 현명하다. 일단 감정이 가라앉고 나면 실질적인 문제를 좀 더 효과적으로 처리할 수 있다. 실질적인 문제란 서로 상반되는 요구조건, 정책이나 실천 방안에 대한 견해 차이, 그리고 임무와 자금 사용처 등에 대한 엇갈리는 의견 같은 것을 말한다.

　갈등의 이 두 가지 면은 서로 영향을 준다. 실질적인 갈등은 분노, 불신감 등 감정적인 갈등을 일으키고, 이런 갈등은 실질적인 문제를 훨씬 심각하게 만든다. 그런데 대부분 이 두 가지 면은 서로 얽혀 있어 따로 떼어놓고 생각하기가 어렵다.

갈등 해결에 관한 많은 이론들은 처음부터 구체적인 문제를 합리적으로 살펴보라고 강조하지만, 내 경험상 이것은 두 번째로 할 일이다. 감정이 격앙되어 있을 때는 합리적인 문제 해결 방법을 생각하기 전에, 먼저 감정적인 면을 털어내야 한다. 이렇게 해서 감정이 가라앉으면 다음 단계, 즉 그들을 갈라놓은 실질적인 문제를 합리적이고 창의적으로 검토하기 시작하는 것이다.

감정이 격앙되어 있을 때 합리적인 접근법이 효과를 발휘하지 못하는 이유가 있다. 사람이 흥분을 하면 침착할 때와는 아주 다른 사람이 된다. 화가 나거나 두려움에 사로잡히면 아드레날린이 더 빨리 분비되고 기력은 20퍼센트 정도 증진된다. 간은 당을 혈류로 내보내기 때문에 심장과 폐에서 더 많은 산소를 받아야 한다. 혈관은 확대되고 사고를 담당하는 대뇌피질은 제 기능을 발휘하지 못한다. 또한 앞에서 말했듯이 뇌로 공급되는 혈액량이 떨어져 문제 해결 기능이 급격히 약화된다. 스트레스를 받는 동안 혈액의 상당량이 팔다리 부분으로 흘러가기 때문이다. 경영컨설턴트인 조지 오디온George Odiorne은 이렇게 말한다. "사람이 감정적으로 흥분하게 되면, 몸은 언쟁을 하기에 최적의 상태가 되지만 문제를 해결하기에는 아주 취약한 상태가 된다."[69]

따라서 갈등 해결에서 첫째 목표는 감정 문제를 현명하게 다루는 것이다. 이것이 소위 갈등 해소법의 목표이다.

| 갈등 해소법 |

갈등 해소법은, 갈등을 다스리기 위한 몇 가지 규칙이라고 생각하면 된다. 우리는 오랜 세월을 통해 갈등을 규칙으로 통제하지 않고 내버려두면 너무 위험하다는 것을 알게 되었다. 매트에서 서로 공격하는 체격이 건장한 레슬링선수들은 스포츠 규칙이 특정 행위로부터 자신들을 보호한다는 것을 알고 있다. 권투선수가 안심하고 링에 오르는 것은 권투 규칙과 심판이 있어 상대방이 위험한 짓을 하지 못한다는 것을 알고 있기 때문이다. 국가 간 전쟁이 일어날 때에도 거기에는 합의된 규칙이 있다. 하지만 일상생활에서 벌어지는 분쟁에서 우리들은 대부분 규칙을 따르지 않고 있다. 예를 들면, 심한 부부싸움이 벌어졌을 때 거기에는 두 사람을 보호하고 결혼생활을 유지시키기 위한 합의된 규칙이 없는 경우가 대부분이다.

이번 CHAPTER에서는 갈등이 생겼을 때 좀 더 나은 결과를 얻게 해주는 단순하면서도 실질적인 방안들을 소개할 것이다. 이 갈등 해소법은 사람 사이의 분쟁을 통제하는 몇 가지 규칙으로 생각할 수도 있지만, 한편으로는 감정이 개입된 견해 차이를 조정하는 생산적인 절차로 볼 수도 있다. 갈등 해결의 3단계 과정은, 효율적인 규칙에 의거해서 서로에게 상처를 주지 않으면서도 두 사람 모두를 성숙하게 하는 생산적인 싸움 방식이다.

‖ 1단계 : 상대방을 존중하는 태도를 보여라 ‖

논쟁에서 상대방을 존중한다는 것은 무슨 뜻일까? 심리학자인 클라크 무스타카스 Clark Moustakas 는 이렇게 설명한다.

> 생산적인 논쟁을 벌이는 사람들은 상대방이 정당하다는 것을 인정한다. 두 사람은 모두 자신들이 진실을 얘기하고 있다는 사실을 알고 있다. 이 과정에서 누구도 서로를 비하하지 않는다. 사랑하는 마음과 진지한 대화가 있는 그런 건강한 논쟁에서 각 당사자들은 완전한 자의식을 갖게 되고 진정으로 성장하게 된다. 또한 꾸밈없고 솔직한 대화의 소중함을 알게 된다.[70]

저명한 심리학자인 마르틴 부버 Martin Buber 는 그의 대화 철학을 중동의 사회, 종교, 정치와 연관시켜 설명했다.《인간의 지식 The

Knowledge of Man》이라는 책에서 그는 거친 말싸움에 말려들었을 때 상대방에게 공손하게 말하는 방법을 다음과 같이 구체적으로 설명한다.

> 어떤 사안을 근본적으로 다른 시각으로 보는 두 사람이 상대방을 설득하기 위해 자신의 의견을 얘기할 때는, 각 당사자가 상대방을 있는 그대로 인정하는지, 서로에게 영향을 주고 싶은 욕구에도 불구하고 그 사람은 그 나름의 사고방식이 있다는 것을 인정하면서 상대방의 의견을 충분히 수용하는지 여부에 따라 대화의 성패가 갈린다. 이때 한 인간으로서의 개별성, 상대방과 근본적으로 다른 타자성의 엄밀함과 깊이는 대화의 출발점 역할만 하는 것이 아니라, 한 사람의 신념을 다른 사람에게 전달하는 역할까지 하게 된다. 이렇게 볼 때, 상대방에게 영향을 주려는 욕구는 그 사람의 생각을 바꾸거나 '자신이 옳다'는 주장을 주입시키는 것을 의미하는 것이 아니라, 자신이 옳고 정당하고 진실하다 것(바로 이런 이유 때문에 상대방의 생각도 그만큼 중요하다는 것을 인정해야 한다)을 상대방의 마음속에 씨앗의 형태로 심어 그의 독자성을 해치지 않는 형태로 자라게 하는 것을 의미한다.[71]

상대방을 존중하는 마음은 구체적인 행동을 통해 전달된다. 내가 상대방에게 귀를 기울이는 태도, 그를 보는 시선, 목소리에 실린 어조, 단어 선택, 설명하는 유형, 이러한 행태 모두 공손함을 나타내든지 무례함을 나타내든지 하는 것이다.

안타까운 일이지만, 우리는 신념과 가치관이 다르거나 요구 조건이 충돌할 경우에는 상대방의 생각과 인격까지 무시하는 경우가 많다. 심지어는 평소에 무척 좋아하는 사람이라도 싸움이 격렬해지면 그를 헐뜯게 될 가능성이 크다. 이런 식으로 말이다. "이런 얼간아! 그렇게 황당한 말은 처음 들어본다!", 매우 비꼬는 투로 "훌륭한 아이디어네요. 내일 해가 서쪽에서 뜬다면 말이죠!" 라거나, 그 사람을 공격하여 자존심을 짓밟기도 한다. 사람들은 이런 무례한 말을 생각 없이 내뱉지만 그것은 의사소통을 가로막고 상대방에게 영원히 치유할 수 없는 상처를 줄 수도 있다.

그런 사람들은 화가 가라앉고 난 뒤에 이렇게 말한다. "그런 뜻이 아니라는 거 알잖아. 너무 화가 나서 내가 무슨 말을 하는지도 모르고 있었어." 하지만 상대방은 이렇게 생각할 것이다. '그런 생각을 하고 있었으니까 그렇게 말했겠지. 네가 나를 그렇게 생각하고 있었다니 정말 충격이다.'

어떤 사람들은 무례한 생각을 하기는 하지만 노골적으로 드러내지 않는다. 하지만 상대방을 존중하지 않으면 그의 신체언어는 은연중에 진실을 드러낸다. 상대방은 그의 얼굴 표정, 목소리 어조, 제스처 등에서 그런 마음을 읽어낸다. 이것도 대화를 가로막고 두 사람 관계에 쉽게 지울 수 없는 상처를 입힐 것이다.

우리는 언쟁을 벌일 때 예의를 잊고 상대방을 함부로 대한다. 또한 상대방을 어떤 고정된 틀에 넣어 바라본다. 그것은 상대방과 얘기를 주고받는 것이 아니라 일방적으로 말하거나 상대방을 무시하고 얘기하는 것이다. 무례한 행동을 억제하는 데는 의지력이 필요하다. 상대방을 동등한 입장에서 대화를 나눌 만한 가치 있는 인격체로 대우하기 위해서는, 종종 도덕적 힘을 발휘해야 한다.

‖ 2단계 : 상대방의 입장을 경험할 때까지 경청하라 ‖

더할 나위 없이 좋은 조건에서도 효과적인 의사소통은 쉬운 일이 아닌데, 더구나 언쟁으로 감정이 격해져 있다면 서로 상대방을 오해할 가능성은 훨씬 커진다. 당신은 분명히 서로 다른 얘기를 하고 있다는 것도 모르고 열심히 떠든 적이 있을 것이다. 또는 근본적으로 생각이 같은데도 깨닫지 못했을 때가 있을 것이다. 언쟁이 벌어지는 동안에는 누가 무슨 말을 하건 정확히 전달되지 않을 가능성이 크기 때문이다.

서로 의견이 다를 때 갈등을 해결하는 좋은 방법은 칼 로저스의 규칙을 적용하는 것이다. "각 당사자는 상대방이 말한 생각과 감정을 그가 수긍할 때까지 정확하게 반복한 다음에 자신의 얘기를 하는 것이다."[72] 로저스의 동료 중 한 명인 유진 젠들린Eugene Gendlin은 시카고 남부 지역의 젊은이들을 대상으로 이러한 종류의 경청을 어떻게 해야 하는지 이렇게 설명했다.

당신은 상대방이 한 말을 듣고 그것을 한 마디 한 마디씩, 마치 상대방이 그 말을 하고 있는 것처럼 다시 반복한다. 이때 절대 당신의 생각을 섞으면 안 되고 상대방이 하지 않은 말을 해서도 안 된다. (중략) 그리고 나서 당신이 확실하게 이해했다는 것을 보여주기 위해, 상대방이 의미한 바를 정확히 표현하는 한두 문장을 덧붙여라. 이때는 상대방이 쓰지 않은 다른 단어를 사용할 수도 있다. 하지만 오해의 여지가 있는 중요한 단어는 상대방이 말한 단어로 쓰는 것이 좋다.[73]

듣기의 목표는 상대방의 생각이나 제안한 내용, 그것이 상대방에게 의미하는 바, 그것에 대해 상대방이 느끼는 기분을 이해하는 것이다. 그것은 상대방의 입장이 되어 그의 관점에서 그가 말한 대로 생각한다는 뜻이다.

이런 듣기 방식은 상대방의 말이나 생각을 기계적으로 반복해서 말하는 것과는 다르다. 리처드 캐봇Richard Cabot 박사는 이렇게 설명한다. "우리가 상대방의 신념의 힘을 느끼는 지점, 그 안에 담겨 있는 진실의 힘을 느끼는 지점에 도달할 때만 비로소 그의 생각을 제대로 이해할 수 있다."[74] 이것이 마르틴 부버가 말한 '상대방의 입장을 경험하는 상태'이다.

견해 차이가 있을 때, 상대방의 관점을 정확하게 이해하고 그것을 요약하는 것은 결코 쉬운 일이 아니다. 사람들은 보통 자신의 관점에서 듣고 그것을 요약하여 반사하기 때문이다. 그것이 정확해 보일지는 모르지만, 상대방의 메시지를 왜곡하기 쉽다. 예를 들어, 엘리슨이 딸 에밀리와 하는 언쟁을 들어보자.

> 엘리슨 : 네가 집안 심부름을 하기로 해놓고는 그때마다 숙제 때문에 못 하겠다고 하니 엄마는 화가 나는구나.
> 에밀리 : (엄마가 한 말을 요약하려 애쓰면서) 그러니까 저보고 숙제는 하지 말고 집안일만 하라는 거군요.

에밀리가 보낸 반사는 겉으로 보기에는 정확한 것 같아도 엘리슨이 말한 의도를 왜곡한 것이다. 상대방이 한 말의 초점을 놓치고 들을 때 흔히 나타나는 현상이다. 엘리슨은 에밀리가 집안일과 숙제를 둘 다 미루고 있다가 결국에는 둘 중에서 하나밖에 하지 못하는 상황을 만든 데에 화가 난 것이다. 에밀리가 해야 될 반사는 이렇게 해야 정확해진다. "엄마는 제가 숙제 핑계를 대고 집안 심부름을 안 해서 속이 상하신 거군요."

에밀리 입장에서 이렇게 반사한다고 해서 자신이 숙제를 핑계거리로 이용하고 있다는 것을 사실로 인정하는 것은 아니다. 그녀가 해야 할 일은 어머니의 말을 이해하는 것이지, 그 의견에 동의하는 것은 아니기 때문이다. 반사한 다음에 그녀는 자신의 의견을 말할 기회가 있다.

특히 감정을 반사하는 데 중점을 두어야 하는데, 상대방의 감정에 귀를 기울이는 것만으로는 부족하다. 그것들을 이해하고 받아들여야 한다. 때때로 상대방이 당신을 심하게 매도할 때는 그가 당신에게 상처를 주기 위해 일부러 그러는 것처럼 느껴질 수도 있을 것이고, 그러면 당신은 분노에 차서 반격하고 싶은 유혹을 느낄 것이다. 하지만 그런 충동을 자제하고 상대방의 기분에 감정을 이입하여 반사를 하고 나면, 그의 기분은 놀랄 정도로 순식간에 가라앉을 것이다.

"당신이 어떤 기분인지 알아요."라고 말하지 말라. 상대방은 그 말을 믿지 않는다. 이때는 설명도 사과도 다른 어떤 말도 할 필요가 없다. 상대방의 의견과 제안과 기분을 그 사람의 입장에서 이해하려고 노력하고, 생각과 기분을 간단명료한 문장으로 상대방에게 반사하라. 그러고 나서 입을 다물고 당신이 말한 내용을 상대방이 생각해보게 하라. 그 말이 본질적으로 정확한지 생각해보고, 자신이 한 말이나 당신이 이해한 것 중 정확하지 않은 부분이 있다면 수정하게 하라. 만일 상대방이 자신이 말한 부분에 덧붙이거나 당신이 말한 부분을 수정하면, 당신은 그것을 상대방이 만족할 만큼 정확하게 다시 요약해서 말하라. 당신이 상대방의 말을 제대로 이해했다고 인정받으면, 이제 당신에게는 당신의 생각과 기분을 표현할 권리가 생긴 것이다.

∥ 3단계 : 당신의 관점, 요구조건, 기분을 이야기하라 ∥

상대방을 한 인간으로 존중한다는 것을 보여주고 그의 기분과 관점을 당신이 이해한 대로 얘기한 다음에는, 당신이 이야기할 차례이다. 갈등 해소법의 3단계에서 유용하게 쓰일 4가지 지침은 다음과 같다.

첫째, 당신의 관점을 짧게 얘기하라. 언쟁을 벌이는 동안에는 핵심만 짧게 말해야 메시지가 더 잘 전달된다.

둘째, 감정이 실린 단어는 사용하지 말라. 하지만 신경이 곤두서 있을 때에는 그것이 쉽지 않을 것이다. 필립 로스Philip Roth의 소설에는 한 인물이 놀라서 이렇게 말하는 대목이 나온다. "이런! 대화는 의사소통의 한 수단이야! 서로 맞고 맞추는 총싸움이 아니란 말야. 목숨을 구하기 위해 몸을 피하고 죽이기 위해 총을 겨누는 그런 전쟁이 아니라고! 단어가 폭탄이나 총알인 줄 아니? 아니야. 그것들은 그 안에 의미를 담고 있는 작은 선물이야."[75]

셋째, 허심탄회하게 털어놓아라. 사람들은 팽팽하게 긴장된 상태에서는 중요한 정보를 감추어두는 경우가 많다. 정말로 하고 싶은 얘기는 제쳐두고 다른 문제만 얘기하기도 한다. 그리고 언쟁이 벌어지면 자신이 생각하는 것보다 훨씬 더 극단적으로 표현한다. 마음속에 담아두어야 할 말도 있겠지만, 대부분의 경우 있는 그대로 솔직하게 얘기하는 것이 더 낫다.

넷째, 당신의 기분을 드러내라. 상대방은 당신을 부당하게 비난했을 수도 있고 어떤 분노나 원한을 불러일으켰을 수도 있다. 얘기하고 있는 사안과 관련하여 당신에게 강한 불만이 있을 수도 있다. 상대방에 대한 노여움을 긍정적인 방식으로 표현하는 것은 쉬운 일이 아니지만, 갈등을 해결하기 위해서는 꼭 필요한 일이다. 앞에서 배운 자기주장 기술 몇 가지가 도움이 될 것이다. 감정적인 문제를 해결하지 않고 실질적인 문제를 해결하기는 어렵다. 그러므로 갈등 해소법에서 강조하는 것은, 당신이 말하고 있을 때나 듣고 있을 때나 특히 감정에 중점을 두라는 것이다.

| 갈등 해소법 적용하기 |

갈등 해결 과정은 다음과 같은 단계로 이루어진다.

1. 상대방을 존중하는 태도를 보여라.
2. 상대방의 입장을 이해할 때까지 듣고, 그 내용과 기분과 의미를 반사하라.
3. 당신의 입장과 요구조건과 기분을 간단히 말하라.

다음 예시에서 최근 갈등 해결 방법에 대한 교육을 받았던 메그는 직장 동료인 돈과의 상황에서 이를 처음으로 활용해보기로 했다. 두 사람은 제조공정의 효율성을 개선하는 프로젝트팀의 핵심 멤버로, 어느 날 메그와 돈은 의견 충돌을 빚었고, 메그는 새롭게 배운 기술을 시도해보기로 결심했다. (참고로, 초기 몇 번의 대화에서는 그녀가 갈등 해결 방법을 사용하지 않았다는 데에 주목하라.)

돈 : 내 생각에는 최종적으로 프로세스 변경을 추천하기 전에, 팀원들의 의견을 모두 모으고 함께 논의하는 게 좋겠어.

메그 : 농담이지? 모든 사람을 모아서 이야기하려면 엄청난 시간이 걸릴 거야. 게다가 지금 와서 사람들의 의견을 묻기엔 너무 늦었어.

돈 : 늦더라도 안 하는 것보단 낫잖아! 팀 전체를 참여시키지 않으면, 좋은 아이디어를 놓칠 수도 있어. 그리고 모두의 동참 없이는 진정한 참여를 이끌어낼 수 없어.

메그 : 현실적으로 생각해봐, 돈. 사공이 많으면 배가 산으로 간다는 말 알지? 더 많은 아이디어가 곧 더 좋은 아이디어라는 뜻은 아니야. 그냥 우리끼리 해결하자.

돈 : 진심이야? 너랑 얘기할 때마다 이러네. 너는 모든 새로운 아이디어에 반대하는 거야, 아니면 내 아이디어만 거부하는 거야?

메그 : (잠시 멈추고 깊이 숨을 쉰 후) 돈, 우리 의견이 꽤 많이 다르다는 게 느껴져. 내가 최근에 커뮤니케이션 스킬에 대한 교육을 들었는데, 자신의 의견을 표현하면서도 상대방의 의견을 제대로 이해하는 건강한 대화 방식이 있더라고. 방법은 이래. 네가 말을 하면, 내가 주의 깊게 듣고 네 의견을 다시 정리해서 말해줄게. 그러면 내가 네 말을 정확히 이해했는지 확인할 수 있지. 그다음에 역할을 바꾸는 거야. 어때?

돈 : (조금 조심스럽게) 좋아. 해보자.

메그 : 네 말은, 팀을 더 협력적으로 참여시킬 새로운 방법이 필요하다는 거지?

돈 : 맞아. 이 프로젝트는 주목도가 높은 일이야. 우리는 최선을 다해야 하고, 모든 팀원이 함께할 수 있도록 해야 해.

메그 : 너도 이 프로젝트를 잘 해내고 싶어 하는 거구나. 나도 그래. 다만 내가 걱정하는 건, 지금 모든 사람을 참여시키면 시간이 너무 오래 걸려서 오히려 최상의 결과를 내기 어려울 수 있다는 점이야.

돈 : 그 말도 일리가 있어. 하지만 우리가 돋보이려면 지금까지와는 다른 방법을 시도해야 해.

메그 : 네 말대로, 우리가 어떻게 의사결정을 내리는지에 대해 전반적인 고민이 있겠지만, 지금 가장 중요한 건 이 프로젝트 자체라는 거네.

돈 : (고개를 끄덕인다.)

메그 : 결국, 우리 둘 다 같은 목표를 가지고 있어. 단지 그 목표에 도달하는 방식이 다를 뿐이야.

돈 : 나도 그 의견에 동의해.

메그 : 우리 두 사람의 요구사항을 모두 충족하는 선택지가 있을 거야.

다음은 메그가 그 대화에 대해 평가한 내용이다.

이번 대화가 잘 진행된 것 같아 기분이 좋았다. 과거에는 돈과 말다툼을 하면 항상 벽에 부딪혔고 문제의 핵심까지 도달하지 못했는데, 이번에는 갈등 관리 기술을 활용하면서 방해요소들을 피할 수 있었고, 결국 서로의 입장을 이해하는 지점까지 도달할 수 있었다.

사람들은 이 책에서 설명된 기술이 아주 최근에 개발된 것이라고 생각하지만 그렇지 않다.

16세기 말에 윌리엄 셰익스피어 William Shakespeare가 쓴 희곡 《줄리어스 시저 Julius Caesar》는 기원전 44년에 벌어진 시저의 죽음을 둘러싸고 벌어진 갈등과 음모를 극화한 것이다. 당시 시저의 암살에 가담했던 브루투스는 뛰어난 웅변술로 자신은 로마 민중과 로마의 영광을 위해 그 일을 행한 것이라며 로마 군중을 설득했다. 그의 연설을 들은 로마 군중들 사이에서는 시저나 시저에 대한 충성심을 버리지 않은 마크 안토니 같은 사람들에 대한 증오심이 불타올랐다.

잠시 후, 똑같은 군중에게 연설을 하기 위해 마크 안토니가 일어섰다. 하지만 그가 채 입을 열기도 전에 군중들 사이에서 고함이 터져나왔다. "브루투스를 음해하는 말을 하면 가만 안 두겠다!" 또 다른 사람이 이렇게 소리쳤다. "시저는 폭군이었다." 누군가가 이렇게 외쳤다. "시저가 죽었다, 만세!"

마크 안토니는 그날 밤 자신의 목숨을 부지하기도 힘들 것이라는 것을 알고 있었다. 그가 할 연설은 죽느냐 사느냐를 결정하는 중대한 일이었다. 사람들의 본성을 염두에 둔 그는 연설에서 세 가지를 행했다. 그것은 역사상 길이 빛날 명연설이었다.

먼저, 그는 군중들을 존중하는 태도로 대하며 이렇게 입을 열었다. "친애하는 로마 시민들이여, 부디 제 말을 들어주십시오." 다음으로, 군중들이 한 말을 차분하게 들은 그는 자신이 그들의 관점을 이해하며 그들이 그렇게 생각할 권리가 있다고 얘기했다. 안토니는 군중들이 깊이 감동했던 브루투스의 연설 중 한 대목을 간결하게 다시 들려주었고, 그들이 야유하는 동안 그것을 의연하게 듣고 있었다. "고귀하신 브루투스는 시저에게 야욕이 있다고 했습니다. 그렇다면 그것은 용서할 수 없는 일이고 그가 비참하게 죽은 것은 마땅합니다." 그는 이런 어조로 군중들이 걱정하는 일과 그들의 생각을 요약해서 들려주었다.

군중들은 안토니가 자신들의 관점으로 상황을 이해했다는 것을 알게 되었고, 이 분위기를 눈치 챈 안토니는 3단계로 넘어갔다. 그는 이제 자신의 관점에서 차분한 어조로 중요한 증거들을 제시했다.

"시저는 제 친구였고 믿음이 깊었으며 저를 정당하게 대해주었습니다. 하지만 고결하신 브루투스는 그가 야심이 있다고 했습니다. 여러분은 모두 내가 그에게 루퍼칼 동굴에서 왕관을 세 번이나 바쳤고, 그는 세 번 모두 거절한 것을 알고 있습니다. 이것이 그의 야욕입니까?"

그런 다음 마크 안토니는 시저의 유언을 발표했다. 그것은 자신의 재산을 로마 시민에게 남긴다는 내용이었다.

기원전 44년 3월 15일, 그날 밤 마크 안토니가 살아날 가망성은 거의 없었지만, 그는 갈등 해소법 3단계를 실천함으로써 목숨을 구할 수 있었다. 셰익스피어가 그것을 하나의 방법으로 배웠을 리 만무하지만, 그는 그런 위기에서는 안토니가 군중과 적대자들을 그렇게 존중하는 태도로 대하고, 성심성의껏 듣고, 자신이 그들을 이해했다는 것을 보여주었을 것이라고 생각한 것이다. 그렇게 안토니는 군중들의 분노를 해소시켰고, 그런 후에야 사람들은 안토니가 하는 말에 귀를 기울였다. 그리고 군중들이 감정적으로 준비가 되었을 때에야 안토니는 자신의 입장을 얘기했다. 이 3단계를 실천함으로써 안토니는 그날 목숨을 구했을 뿐 아니

라 결국 로마를 지배할 수 있었다.[76]

| 갈등 해소법을 적용하는 4가지 경우 |

갈등 해소법은 네 가지 상황에서 실행할 수 있다.

먼저, 이 방법은 상대방이 이것을 사용하지 않을 때도 활용할 수 있다. 존중하는 태도로 상대방의 얘기를 들은 후 차분한 어조로 얘기하면, 상대방의 억눌린 감정은 가라앉고 좀 더 생산적인 토론이 가능해진다.

갈등 상황에 처했거나 다툼이 일어날 것 같은 분위기를 감지했을 때 또 다른 접근법은, 이 방법을 간단히 설명하고 상대방에게 함께 시도해보자고 제안하는 것이다. 우선, 상대방이 갈등의 핵심 내용에 대해 이야기하도록 유도해보라. 예를 들어, 이렇게 말할 수 있다.

"본론을 이야기하기 전에, 대화를 진행하는 방식에 대해 먼저 합의하고 싶어요. 제 제안은 서로의 말을 주의 깊게 듣고, 상대방이 한 말을 반복해서 확인한 후에 자신의 의견을 말하는 거예요. 그리고 이야기할 때는 간결하고 솔직하게 말하는 거죠. 어떻게 생각하세요?

갈등 해결 방법을 도입하는 두 번째 방법은, 상황이 차분하고 평온할 때 이를 미리 설명하는 것이다. 가족 회의, 수업 시간, 또는 직장 회의 같은 자리에서 갈등은 어떤 그룹에서든 불가피한 현상이며, 감정적인 요소를 잘 관리하면 더 효과적으로 의견 차이를 논의하고 건설적으로 해결할 수 있다는 점을 설명하라. 이 방법을 소개한 후, 역할극을 해보거나 방법을 정리한 자료를 제공할 수도 있다. 그런 다음, 가족이나 조직 내에서 의견 차이가 클 때 이 방법을 활용하는 것이 어떨지 논의해보라.

하지만 생각보다 많은 반대에 부딪힐 수도 있다. 그럴 경우, 즉시 반박하려 하지 말고, 상대방을 존중하는 태도로 그들의 의견을 경청하고, 이해하고 있음을 보여주는 것이 중요하다. 그런 다음, 짧게 자신의 생각을 전하라. 예를 들어, 나는 보통 이렇게 말한다. "우리 사이에서 의견 충돌이 있었을 때, 지금까지 잘 해결되지 않았던 것 같아요. 아마 당신도 만족스럽지 않았을 거라고 생각해요. 그래서 이번에 새로운 방식을 한두 번만이라도 시도해보고 싶은데, 한번 해볼 의향이 있나요?"

세 번째 경우, 별다른 문제가 없는 상황에서도 갈등 해소법을 사용할 수 있다. 가족 회의나 학급 회의, 업무 회의에서 이렇게 말문을 여는 것이다. "어느 집단에나 갈등은 생기게 마련인데, 감정 문제와 여러 가지 의견 차이를 유익하고 효과적으로 해결하는 방법이 있는데요." 그런 다음, 이 방법을 설명하고 필요하다면 역할을 정해 연습도 해보자. 그리고 그 방법이 적힌 설명서를 나눠준 후, 그것을 바람직하게 사용하려면 어떻게 하는 것이 좋을지 의견을 나눈다.

이 방법을 사용하는 것에 거부감이 예상보다 클 수도 있다. 알고 있겠지만 그렇더라도 당장에는 맞서지 말라. 대신 상대방을 존중하는 태도로 반대 의견을 성심껏 들어주고, 당신이 그 말을 이해했음을 보여주라. 그러고 나서 간단히 할 말을 하라. 상대방의 얘기를 충분히 들은 후 이런 접근법이 좋다. "지금까지 저는 우리가 견해 차이를 다루는 방식이 서툴렀다고 생각합니다. 여러분도 같은 생각일 겁니다. 저는 이 방법이 효과가 있는지 알아보고 싶습니다. 효과가 없다면 할 수 없죠. 어때요, 한번 해볼까요?"

마지막으로, 이 방법을 활용하여 다른 사람들이 갈등을 해결하도록 돕는 역할을 할 수도 있다. 갈등 당사자가 당신의 제3자 역할에 동의한다면, 당신의 역할은 중립적인 입장을 유지하면서 갈등 해결 과정이 올바르게 진행되도록 돕는 것이다. 또한, 각 사람이 발언한 후 내용을 정리해주는 역할을 할 수도 있다. 중립적인 사람이 요점을 정리하면, 대립하는 당사자가 직접 요약할 때보다 왜곡이 적을 가능성이 높기 때문이다.

그러나 제3자가 갈등 해결 과정의 3단계를 설명하고, 모든 당사자가 이 과정을 따르는 데 동의하도록 하는 경우가 더 일반적이다. 제3자의 역할은 갈등에 직접 개입하지 않으면서도, 갈등 당사자가 스트레스 상황에서도 원활하게 소통할 수 있도록 돕고, 장기적으로는 제3자의 도움 없이도 갈등을 효과적으로 해결할 수 있는 방법을 익히도록 지원하는 것이다.

| 대화의 준비 |

광범위한 '원만한 갈등 해결 훈련'을 커플과 비즈니스 리더들을 대상으로 진행한 심리학자 조지 바흐(George Bach)는, 상호 동의 하에 갈등을 다루는 것이 생산적인 결과를 도출하는 데 결정적인 역할을 할 수 있다고 언급했다. 바흐와 허브 골드버그(Herb Goldberg)는 다음과 같이 주장한다.

> 공정한 싸움을 실천하는 사람은 불평불만이 있는 '주도자'이다. 그가 상대방(싸움 파트너)에게 공정한 싸움을 하자고 제안해서 '싸움 파트너'가 그것을 받아들이면 싸움을 진행할 시간과 장소를 정한다.
> '약속 정하기'는 싸움을 본격적으로 시작하고 그 자리에서 문

제를 해결하는 데 중요한 단계이다. 잘못하면 이 싸움은 한 사람만 무장해제를 당하거나 공격적인 대화의 확대재생산으로 끝나버릴 수도 있다. 그러므로 당사자들은 항상 공정한 싸움을 위해 서로 동의하고 약속한 조건을 지켜야 한다.[77]

보통 사람들은 시기가 적당한지, 싸움을 시작하는 데 상대방이 동의했는지, 그리고 생산적인 싸움의 토대가 되는 조건을 마련했는지 따져보지도 않고 성급하게 싸움을 시작한다. 웬만해서는 싸움을 하지 않는 소심한 사람들도 상대방의 공격에 몰리면 앞뒤 재지 않고 싸움에 돌입하는 경향이 있다. 점검해야 할 사항은 다음과 같다.

- 두 사람 모두 이 싸움을 진행할 감정적 에너지가 충분한가? 만일 상대방이 고통스러운 이혼 절차를 막 끝낸 시점이라면 그때는 싸움을 시작하지 않고 적당한 기회를 기다리는 것이 바람직하다.
- 싸움의 현장에는 누가 있어야 하는가? 일반적으로 당사자가 거기에 있어야 하고 관련 없는 사람은 싸움 장면을 보지 않아야 한다. 구경하는 사람이 한쪽 편을 들 수도 있고, 싸우는 당사자 중 한편이 제3자를 의식하게 될 수도 있기 때

문이다. 게다가 싸움이 격렬해지면 그것을 듣는 것도 별로 유쾌한 일은 아닐 것이다. 싸움이 좋은 것은 아니지만 반드시 비밀스럽게 치러야 할 일은 아니기 때문이다. 특히 부모들의 싸움을 엿듣는 것이 아이들에게는 인간관계를 현실적으로 이해하는 기회가 될 수도 있다.

- 언제 싸우는 것이 가장 좋은가? 두 사람이 가장 피로를 덜 느낄 때, 필요한 시간만큼 싸움을 지속할 수 있을 때, 그리고 싸움 뒤에도 충분한 시간을 낼 수 있을 때가 좋다. 나중에 화해를 하거나 문제를 해결하거나 그 싸움이 얼마나 공정했는지 평가하는 시간을 가질 수 있기 때문이다.
- 가장 좋은 장소는 어디인가? 전화나 라디오, 텔레비전, 다른 사람의 방해를 받지 않는 좀 떨어진 곳이 좋을 것이다. 또 고려해야 할 것은 영역의 중립성이다. 당신의 영역에서 싸울 것인가, 상대방의 영역에서 싸울 것인가, 제3의 영역(또는 두 사람 공통의 영역)에서 싸울 것인가?

이런 각각의 문제들도 중요하지만, 준비 단계에서 가장 중요한 것은 상대방을 기습공격 하지 않도록 자제력을 발휘하는 것이다. 상호 동의 하에 시작하고, 사전에 합의된 조건(갈등 해소법 활용 포함) 아래 진행되는 갈등 해결 과정은 더 긍정적인 방향으로 가는 가능성을 높인다.

| 싸움 평가하기 |

앞에서 말한 싸움의 이득은 대부분 성취되지 못하거나 부분적으로만 성취되는데, 그 이유는 생산적인 싸움을 하지 않거나 싸움이 끝난 뒤 거기에서 배울 점이 무엇인지 반성하지 않기 때문이다.

 다툼이 끝난 뒤에는 싸움 파트너와 함께 자신들이 어떻게 싸웠고 무엇을 배웠는지 이야기해보는 것이 좋다. 그것이 불가능하다면, 다툼의 과정과 결과에 대해 혼자서 내면의 대화를 해보는 것도 괜찮다. 물론 가장 이상적인 것은 다툰 과정을 상대방과 함께 되돌아보고 때때로 머릿속에서 숙고해보는 것이다. 싸움을 통해 뭔가를 얻고 싶다면 아래의 질문이 도움이 될 것이다.[78]

- 이 싸움에서 무엇을 배웠는가?
- 이 싸움에서 나는 무엇이 내 감정을 건드리고, 무엇이 그의 감정을 건드리는지 알게 되었는가? 특히 이번 싸움의 사단은 무엇이었는가?
- 나는(혹은 우리는) 갈등 해결 절차 - 준비, 존중, 경청, 자기

관점 말하기, 평가 – 를 얼마나 잘 따랐는가?
- 나는 얼마나 심하게 상처받았는가?
- 상대방은 얼마나 심하게 상처받았는가?
- 그와 나의 분노를 해소한 이 싸움은 어느 정도의 가치가 있었는가?
- 나와 그 사람, 그리고 언쟁에 관련된 문제에 대해 새로 털어놓은 정보는 얼마나 유익했는가?
- 우리 두 사람의 생각이 조금이라도 바뀌었는가? 그렇다면 우리가 도달한 입장에 대해 나는 어떻게 생각하는가?
- 나와 상대방의 싸움 스타일, 전략, 무기 등에 대해 무엇을 알게 되었나?
- 이 싸움의 결과로 우리는 더 가까워졌는가, 아니면 더 멀어졌는가?
- 다음에 싸우게 된다면 나는 어떤 점을 고쳐야 될 것인가?
- 다음에 싸우게 된다면 상대가 어떤 점을 고쳤으면 하는가?

| 갈등 해소법으로 인해 예상되는 결과들 |

갈등 해결 방법이 가져오는 가장 주목할 만한 성과는, 당사자들

간의 감정적 교류 효과에 있다.** 감정을 표현했을 때 상대방이 그것을 듣고 받아들이면, 감정들은 순식간에 해소된다. 격앙된 감정이 이렇게 신속하게 배출된 후에는 자신들의 견해 차이에 대해서 좀 더 생산적인 토론을 할 수 있다.

내가 경험한 이 방법의 두 번째 효과는, 이해심이 많아지고 생각이 바뀐다는 것이다. 내가 모든 진실을 알 수는 없기 때문에 이것은 당연한 결과이다. 내가 상대방의 말에 진심으로 귀 기울여 그의 호소력에 감화되면, 나는 그의 아이디어나 방법들을 받아들이거나 그의 방식과 내 방식을 통합할 수 있다. 또한, 내가 정말로 공정한 싸움을 하지 못하게 되면 그런 모습을 보며 뿌리 깊게 남아 있는 내 단점을 깨닫게 된다. 그래서 새로운 견해를 통합하고 내 삶과 가치관에 영향을 미칠 만큼 소중한 생각들을 받아들여 그것을 강화하게 된다.

갈등 해소법에서 얻을 수 있는 또 다른 효과는, 상대방도 변할 수 있다는 것이다. 칼 로저스가 말했듯이 "만일 상대방이 한 말에 귀를 기울일 수 있다면, 상대방이 무엇을 생각하는지 이해할 수 있다면, 상대방이 어떤 기분을 느끼는지 감지할 수 있다면, 그렇다면 나는 그를 바꿀 수 있는 잠재력을 발휘할 수 있다."[79] 또한 내 관점을 올바른 방식으로 얘기하면 상대방이 변할 가능성도 그만큼 커진다. 하지만 이 방법의 목적은 스트레스를 받는 상황에서 의사소통을 원활하게 하는 것이다. 누군가가 신념이나 행동을 완전히 바꾸는 것은 흔치 않다는 것을 알아야 한다.

두 당사자가 합심해서 갈등의 실질적인 문제를 창의적으로 해결할 준비가 된다는 것도 갈등 해소법으로 얻는 효과이다. 기억하겠지만, 이 3단계 과정은 분쟁의 실질적인 문제가 아니라 감정적인 문제를 해결하기 위한 것이다. 일단 감정이 가라앉으면 실질적인 문제는 다음 CHAPTER 7에서 설명하게 될 협동 문제 해결법을 통해 해결할 수 있다.

이 갈등 해소법을 이용하면 가치관 충돌 문제도 효과적으로 다룰 수 있다. 가장 상처를 많이 남기는 싸움 중 하나가 가치관 문제이다. 서로 가치관이 다를 경우, 대화가 시작될 때부터 끝날 때까지 두 사람의 생각이 같아질 확률은 거의 없다. 가치관이 충돌할 때 이 갈등 해소법을 사용하면 서로에게 어느 정도 영향을 줄 수도 있지만, 일단 목표는 상대방을 좀 더 잘 이해하고 그 문제에 관해 각자 생각이 다를 수 있다는 것을 인정하는 것이다. 이 과정을 통해 가치관이 다른 두 사람은 얼굴을 맞대고 대화하는 동안, 사람은 누구나 서로 다른 생각을 가질 권리가 있다는 것을 받아들이게 된다. 그래서 어떤 문제에 관해서 서로 의견이 대립하더라도 인간적으로는 사이 좋은 관계로 지낼 수 있다.

마지막으로, 갈등을 갈등 해소법으로 다루면 두 사람의 관계

가 더 친밀해진다. 자신들의 견해 차이를 어떻게 다뤄야 할지 모를 때 관계는 뒷걸음질치는 경향이 있다. 차이를 무시하는 것은 피상적인 관계로만 지내겠다는 뜻이다.

반면, 그것을 가지고 잘못된 방식으로 싸우다가는 서로에게 마음의 상처를 주거나 심각한 갈등을 유발하여 두 사람의 관계가 악화된다. 이때 갈등 해소법을 활용하여 진실한 마음으로 상대방의 입장이 되어주면 상대방도 그와 똑같이 반응한다. 그래서 각 당사자는 상대방을 솔직하게 대면하고 철저하게 싸운 뒤 강한 일체감과 우애를 경험한다.

| 요약하자면… |

갈등이 일어났을 때는 먼저 감정에 초점을 맞춰야 한다. 이것을 효과적으로 처리하는 길은 다음과 같은 갈등 해소법을 사용하는 것이다.

- 상대방을 존중하는 태도로 대하라.
- 상대방의 말을 듣고 그 말을 상대방이 수긍할 때까지 다시 말하라.

• 당신의 생각을 간결하게 말하라.

이 방법은 당신 혼자서만 사용할 수도 있고, 상대방과 합의하여 함께 사용할 수도 있고, 당신이 제3자로 참여하여 다른 사람들의 분쟁 해결을 돕기 위해 사용할 수도 있다. 분쟁을 위한 사전준비도 중요한데, 이것은 싸움을 위해 쌍방이 어떤 조건에 대해 동의하고 약속하는 것을 말한다. 싸움이 끝난 뒤에는 싸움을 평가해보아야 뭔가를 배울 수 있고 다음에 더 생산적으로 싸울 수 있다.

이 방법에서 얻을 수 있는 효과는, 감정이 해소되어 아주 신속하게 평정심을 되찾는다는 것이다. 또한 한 사람 또는 두 사람 모두에게 생각의 변화가 일어나고, 가치관 문제에 대해 자신의 견해를 얘기하면서도 서로 생각이 다를 수 있다는 것을 인정하게 된다. 또한 두 사람의 감정적 유대감이 더욱 견고해진다. 최고의 인간관계는 대개 갈등을 겪고 난 후에 더 돈독해진다.

CHAPTER 7

협동 문제 해결법, 명쾌한 해결책 찾기

문제 해결 방식은 생각의 이중 잠금장치와 같다. 한 관점에서 다른 관점으로 직접적으로 전환할 필요가 없다. 이 방식은 마치 '중립 상태'와 같은 시간을 제공해, 사실에 대해 열린 마음을 가질 수 있게 하고, 그로 인해 대안적 관점을 기꺼이 고려할 수 있게 한다.[80]

-윌리엄 레딘 William Reddin, 경영컨설턴트

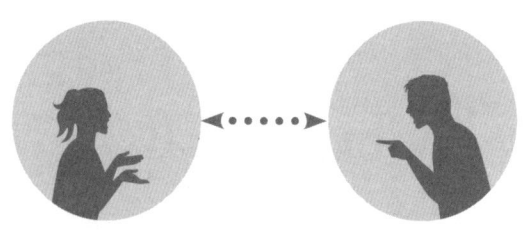

| 갈등의 3가지 종류 |

갈등에는 기본적으로 세 가지 종류가 있다.

하나는 감정적인 갈등이다. 모든 인간은 서로 생각이 다르기 때문에, 의미 있는 관계라면 강한 적대감도 생겨나게 마련이다. 이런 갈등은 보통 CHAPTER 6에서 설명한 갈등 해소법을 이용해서 해결할 수 있다.

그리고 가치관의 갈등이 있다. 이런 유형의 갈등에는 뚜렷한 해결책이 없다. 그 사람을 구성하는 요소 중 구체적이고 뚜렷한 것을 꼭 집어낼 수 없기 때문이다. 하지만 이 경우에도 갈등 해소법은 생각이 다른 상대방을 더 잘 이해하고 상대방의 처지를 더 많이 용인할 수 있도록 도와주며, 때로는 그들의 태도와 행동에 영향을 미치기도 한다.

갈등의 세 번째 유형으로 요구조건의 갈등이 있는데, 바로 이번 CHAPTER 7에서 다룰 것이다. 가치관 문제가 어느 정도 정리된 후에 감정적인 문제가 해결되면 실질적인 문제가 남게 된다. 내가 최근에 경험했던 갈등을 예로 들어보겠다.

【나의 요구사항】
- 오늘밤에 사야 할 물건이 있기 때문에 차가 필요하다.
- 중요한 고객에게 선보일 수 있도록 회의장을 준비해야 한다.

【상대방의 요구사항】
- 중요한 회의에 가야 하기 때문에 차가 필요하다.
- 방문하는 동안 직원의 업무 일정에 지장을 주고 싶지 않다.

이런 문제들은 양 당사자의 요구조건을 모두 충족시키는 방향으로 해결되었다. 인간관계와 관련된 이런 문제를 해결하기 위해 나는 '협동 문제 해결법collaborative problem solving'을 사용하는데, 이것을 검토하기 전에 먼저 사람들이 흔히 사용하는 다른 방법들을 살펴보기로 하자.

| 협동 문제 해결법 대신 사용하는 방법들 |

사람들이 흔히 협동 문제 해결법 대신에 사용하는 방법은 크게 3가지가 있다. 회피하기, 무조건 승복하기, 그리고 독선적 해결이 그것이다. 때로는 이 세 가지 방법을 사용해야 하는 경우도 있겠지만, 너무 자주 사용하면 좋지 않은 결과가 나온다.

‖ 회피 ‖

회피에는 무의식적인 회피와 의식적인 회피, 두 가지 유형이 있다. 무의식적인 회피는 때때로 '부정$_{denial}$'이라고도 부른다. 갈등을 극도로 위협적으로 느끼는 사람들은 대인관계에서 발생하는 문제의 존재 자체를 부정하고, 이를 의식적으로 인식하지 않으려 한다. 갈등을 억압하는 것은 스스로와 타인에게 모든 것이 괜찮은 척하는 것을 의미한다.

반면, 의식적으로 갈등을 인식하는 사람들도 있지만, 어떻게든 그것을 마주하지 않으려 한다. 이들은 갈등이 발생하는 상황에서 물러나거나, 문제를 덮어두고 마치 존재하지 않는 것처럼 행동한다. 많은 부부가 갈등으로 가득한 결혼생활을 하면서도 겉으로는 평화로운 모습을 유지하려 애쓴다.

그러나 문제를 반복적으로 회피하면 삶이 점점 더 위축될 수밖에 없다. 회피의 역설은 사람들이 종종 건강한 관계를 유지하려는 목적으로 이를 사용한다는 점이다. 그러나 회피는 결국 관계를 악화시키고, 더욱 깊은 고립을 초래한다.

‖ 무조건 승복하기 ‖

다른 사람의 요구가 자신의 요구사항과 충돌할 때, 많은 사람은 쉽게 굴복한다. 그들은 종종 아무런 저항도 없이 상대방에게 양보한다. 이렇게 하다 보면 자신의 정당한 요구, 바람을 습관적으로 포기하고 타인의 것을 우선시한다. 이러한 순응적인 태도는 진정성 있고 균형 잡힌 관계 형성을 방해하며, 결국 만성적인 분노와 불만을 초래할 수 있다. 겉으로 드러나는 갈등은 줄어들지 몰라도, 내면에 쌓인 불만은 창의성, 협력, 기쁨, 그리고 (어떤 경우에는) 사랑마저도 약화시킨다.

‖ 독선적 해결 ‖

문제 해결의 또 다른 방법인 독선적 해결은, 자신이 생각하는 해결책을 상대방에게 강요하는 것이다. 하지만 이런 해결책도 결국은 양쪽 모두에게 해로운 결과를 낳는다. 자신의 주장대로 밀고나가서 일단 그 일에 관해서는 원하는 대로 요구조건을 충족시킬지 모르지만 관계는 타격을 입는다. 또한 상대방의 요구조건은 전혀 충족되지 못하거나 만족스럽게 충족되지 못한다.

CHAPTER 1에서 나는 공격적 행동과 순응적 행동의 특징을 살펴보았다. 예상할 수 있듯이, 공격적인 성향을 가진 사람들은 요구사항이 충돌하는 상황에서 지배하려는 경향이 강하다. 하지만 나를 놀라게 한 점은, **평소에 주로 순응적인 사람들조차도 권위를 갖게 되면 갈등 상황에서 자신의 해결책을 타인에게 강요하는 경우가 많다는 사실이다.**

나는 부모, 관리자, 교사 등 권력을 가진 수천 명의 사람들에게 의사소통 기술을 가르치는 과정에서 흥미로운 패턴을 발견했다. 평소에는 자기주장을 잘 못하는 사람들이, 권력이 없을 때는 쉽게 굴복하지만, 자신이 누군가를 통제할 수 있는 위치에 놓이면 오히려 지배적인 태도를 보이는 경우가 많았다. 이러한 현상에는 여러 가능한 설명이 있다. 그중 하나는, 많은 사람들이 지배하거나 굴복하는 것 외에 다른 대안을 경험해본 적이 거의 없기 때문이라고 생각한다. 결국, 그들이 권위를 가진 위치에 오르게 되면, 성장 과정이나 직장 경험에서 보고 배운 방식 그대로 행동하는 경우가 많다.

지배적인 태도는 여러 가지 부정적인 결과를 초래한다. 우선, 해결책을 강요하는 사람에게 반감을 갖게 된다. 사람들은 일반적으로 자신이 지배당할 때 불만을 느끼지만, 특히 타인의 의지가 강제로 부과될 때, 과거의 해결되지 않은 반감까지 되살아날 수 있다. 이는 이전에 다른 권위적인 인물들에게 억압당했던 경험에서 비롯된 감정일 수도 있다. 결과적으로, 권위적인 사람은 특정 상황에서 발생한 반감뿐만 아니라, 오랜 세월 동안 쌓여 온 불만과도 마주해야 할 가능성이 크다. 반복적으로 지배적인 행동은 더욱 심각한 부작용을 초래할 수 있다. 상대방은 의도적인 방해, 소극적 저항, 감정적 거리두기 등의 방식으로 보복하려 할 수 있다.

강요된 해결책은 엄격한 후속 관리가 필요한 경우가 많다. 다른 사람의 요구사항이 충족되지 않았거나, 그들이 의사결정 과정에 충분히 참여하지 못했다면, 해당 해결책을 적극적으로 실천할 동기가 생기기 어렵다. 따라서, 문제가 해결된 것처럼 보일지라도, 이를 강요한 사람이 지속적으로 많은 에너지와 관심을 들여 이를 강제하지 않는 한, 문제가 다시 발생할 가능성이 크다.

무조건 승복하기와 독선적 해결법은 이기고 지는 방식이다.

한 사람이 이기면 다른 사람은 지는 것이다. 부정하기와 회피하기도 이기고 지는 방식이다. 의식하지 않으려고 하는 것이나 뒤로 물러나는 것은 지는 것이다. 자신의 요구조건을 충족시키지 못하기 때문이다. 하지만 관계에 미치는 영향을 생각할 때, 이 3가지 대응 방식은 양쪽이 다 지는 방식이라 할 수 있다. 양 당사자가 모두 뭔가를 잃고 관계 자체도 훼손되기 때문이다.

‖ 타협하기 : 서로 합의점 찾아보기 ‖

사전적 정의로 볼 때, 타협이란 '쌍방의 양보를 통해 확립한 동의'이다. 타협은 양 당사자의 요구조건과 걱정거리를 모두 고려한 것이다. 때로는 개인 간 견해 차이를 조정할 때, 타협은 더할 나위 없이 중요한 역할을 하기도 한다. 미주리협정을 제안하여 성공으로 이끈 미국 정치인 헨리 클레이$_{\text{Henry Clay}}$는 타협이 미국을 하나로 뭉치게 하는 접착제라고 표현했다.

모든 규칙은 쌍방의 용인 하에 제정된다. (중략) 어떤 사람이 인간의 나약함과 인간의 결점과 인간의 탐욕을 초월하여 인간보다 더 높은 곳에 있다면, '나는 절대 타협하지 않겠다'라고 말해도 무방하다. 하지만 인간의 타고난 결점을 갖고 있는 사람이라면 누구도 타협을 무시할 수 없다.[81]

서로 다른 요구사항, 욕구, 가치가 충돌하는 세상에서 타협은 분명 중요한 역할을 한다. 그러나 지나치게 자주, 혹은 부적절하게 사용될 경우, 바람직하지 않은 결과를 초래할 수 있다. 많은 결혼생활에서는 성격이 전혀 다른 두 사람이 함께 살아간다. 이들이 의견 차이를 겪을 때마다 항상 타협을 통해 문제를 해결한다면, 결국 각자 진정으로 원하는 것을 완전히 얻지 못한 채, 만족스럽지 않은 선택을 하게 될 것이다. 이러한 타협은 일시적인 가정의 평화를 가져올 수 있지만, 그 속에서 기쁨과 설렘은 사라진다. 수년간 무미건조한 타협을 반복한 끝에, 그 결혼은 결국 법적 이혼이든 감정적인 이혼이든, 어느 한 형태의 결말을 맞이하게 된다.

조직에서 타협을 지나치게 자주 사용하면, 조직의 창의성이 말살되고 구성원들은 억압을 느끼기 때문에 발전이 없다. 기업경영 전문가 로버트 타운젠트$_{\text{Robert Townsend}}$는 《조직에 활력을 넣어라$_{\text{Up the Organization}}$》라는 책에서 이렇게 충고한다.

일반적으로 타협은 그리 바람직한 방법은 아니므로 최후의 방법으로만 써야 한다. 만약 두 부서가 어떤 문제를 해결하지 못하고 당신에게 가지고 왔다면, 그 두 부서의 주장을 들은 다음 한쪽 편을 들어주어야 한다. 이렇게 해야 편을 들어준 쪽에게 책임 소재를 분명히 물을 수 있고 그것이 효과를 낳는다. 그러므로 조직 구성원들에게 타협하지 말라고 교육하라.[82]

| **협동 문제 해결법으로 '명쾌한 해결책' 찾기** |

협동 문제 해결법은 자신들의 요구조건을 모두 충족시킬 해결책을 찾아 머리를 맞대는 것이다. 이때 문제를 명확하게 정의하고 참신한 대안을 발굴하여 상호간 요구조건의 공통점에 초점을 맞춘다. 이 과정에서 어느 누구도 무조건 승복하거나 상대방을 제압하지 않는다. 아무도 지지 않고 아무도 포기하거나 양보하지 않고 양편이 모두 이익을 얻는다. 이것을 '윈-윈$_{Win-Win}$ 효과'라고 한다. 가능하다면 - 가능할 때가 많다 - 사람들 사이에서 갈등이 일어났을 때는 이 방법을 쓰는 것이 가장 바람직하다.

메리 파커 폴렛$_{Mary\ Parker\ Follett}$은 협동 문제 해결법을 알기 쉽게 설명하기 위해 대학 도서관의 숨막히게 좁은 방에서 함께 공부하던 두 사람의 예를 들었다. 한 사람은 창문을 열어두고 싶었고 다른 한 사람은 닫고 싶었다. 그런데 그들은 결론(창문을 열 것인가 닫을 것인가)이 아니라 필요성에 중점을 두고 고민한 끝에 대안을 찾아냈다. 그것은 옆방에 있는 창문을 여는 것이었다. 이렇게 해서 창문을 열고 싶었던 사람은 상쾌한 바람이 들어와서 좋았고, 강한 바람을 맞기 싫어서 창문을 닫고 싶었던 사람은 바람을 막을 수 있어서 만족했다.[83]

물론 '실제 현장'에서 윈-윈 전략이 과연 효과를 발휘하는지에 대해 의심하는 사람도 많다. 메리 파커 폴렛이 예로 든 창문 문제에 대해서 수강생 중에서 이렇게 말하는 사람도 있었다. "좋은 방법이네요. 하지만 옆방에 창문이 없을 수도 있잖아요."[84] 그런 경우에도, 창의적으로 문제를 해결하는 사람들은 두 사람이 만족할 만한 다른 대안을 찾아냈을 것이다. 옆방에 창문이 없다고 가정했을 때, 내 친구는 그 상황에서도 양 당사자들이 만족할 만한 대안들을 몇 가지나 생각해냈다. 자리를 서로 바꾸는 것, 아래쪽 창문이 아니라 위쪽 창문을 여는 것, 그리고 그 도서관에서 공부할 만한 다른 장소를 찾아보는 것 등이 그것이다.

나는 살아오면서 협동 문제 해결법이 얼마나 많은 골치 아픈 문제들을 해결할 수 있는지를 알고 감탄했다. 물론 이 방법만 쓰면 모든 문제가 만사형통이라는 뜻은 아니다. 이 방법이 효과가 없을 수도 있고 다른 방법을 쓰는 것이 바람직할 수도 있다. 하지만 일반적으로 사람들 사이에서 일어나는 대부분의 문제는 이 방법을 통해 멋지게 해결할 수 있다고 생각한다.

| 협동 문제 해결법 6단계 |

미국의 훌륭한 철학자인 존 듀이는 철학이 더 이상 '철학자만 문제를 다루는 장치'여서는 안 되고, 모든 사람이 매일 부딪히는 문제를 해결하기 위해 철학자가 개발하는 하나의 방법이 되어야 한다고 역설했다.[85] '존 듀이가 가장 강조한 것'은 사람들이 문제를 더 악화시키지 않고 더 좋은 결과를 찾도록 '보편적으로 통하는 논리법칙'을 세워야 한다는 것이다.[86] 듀이의 '논리법칙'은 대인관계와 비즈니스 문제, 사회 갈등, 또는 과학적인 문제나 그 밖의 문제를 다루는 과정에 적용할 수 있다.[87] 자기주장과 듣기를 통해 서로의 요구사항이 충돌한다는 것을 알았으면 그 문제를 해결해야 하는데, 심리학자 토마스 고든Thomas Gordon은 그때 다음과 같은 6단계를 따르라고 권했다.[88]

1. 결론이 아니라 필요성을 중심으로 문제를 정의하라.[89]
2. 아이디어 회의를 통해 가능성 있는 해결책을 모아라.
3. 양 당사자의 요구사항을 가장 잘 충족시켜 줄 수 있는 해결책을 선택하고 그 결과를 확인하라.
4. 누가, 무엇을, 어디서, 언제까지 할 것인지를 계획하라.
5. 계획을 실행에 옮겨라.

6. 문제 해결 과정과 해결책의 효과를 평가하라.

협동 문제 해결법에서는 듣기 기술, 자기주장 기술, 그리고 갈등 해소법을 사용해야 한다. 이 협동 문제 해결법은 논리적인 과정이기 때문에 이해하기가 아주 쉽지만, 흔히 빠질 수 있는 함정에 주의해야 한다. 그러면 이 과정을 단계별로 살펴보자.

∥ 1단계 : 결론이 아니라 필요성을 중심으로 문제를 정의하라 ∥

우리는 문제 해결을 위해서는 무엇보다도 먼저 문제를 정확히 정의해야 한다는 것을 알고 있다. 하지만 이런저런 복잡한 생활 속에서 시간의 압박이나 감정적인 스트레스나 문제를 정의하는 데 요구되는 고도의 정신노동 때문에 많은 사람들은 그 일을 대충 넘기려 한다. 당연한 일이지만 그런 식으로 문제를 허술하게 정의하면 협동 문제 해결 과정을 원활하게 진행할 수 없다. 문제를 명확하고 구체적이고 간결하게 정의하는 일은 아주 중요하다.

또한 윈-윈 효과를 얻기 위해서는 결론이 아니라 필요성의 견지에서 문제를 정의해야 한다.[90] 이것은 협동 문제 해결 과정에서 굉장히 중요한 일이므로, 필요성 중심으로 문제를 정의하는 것이 무슨 의미이고 그것이 왜 중요한지, 그리고 어떻게 실행하는 것인지 설명해보겠다.

먼저 필요성의 면에서 문제를 정의한다는 것은 무슨 뜻인가? 사람들은 대부분 문제를 결론 중심으로 생각한다. 도서관의 좁은 방에 있던 두 사람은 분명히 처음에는 자신이 처한 문제를 결론 위주로 얘기했을 것이다. 한 사람은 창문을 열기를 원했고 한 사람은 창문을 닫기를 원했다. 만일 "창문을 열면 어떤 효과를 얻을 수 있는 겁니까?" 하고 누가 물었다면, 필요성의 견지에서 다음과 같이 대답했을 것이다. "신선한 공기를 좀 더 많이 마시고 싶어서요." 반대 의견인 사람에게 "창문을 닫아야 되는 이유가 뭔가요?" 하고 물었다면, 그는 틀림없이 필요성의 견지에서 이렇게 대답했을 것이다. "저는 감기에 걸렸기 때문에 차가운 바람을 쐬면 안 돼요." 문제가 다시 정의된다면 - 즉 필요성의 견지에서 정의된다면 - 그때는 양쪽이 만족할 수 있는 다른 방도를 찾을 수 있다. 옆방의 창문을 연다든지 하는 식으로 말이다. 어떤 필요성이 있는지 찾아내기 위해서는 그 사람이 처음에 왜 그런 결론을 내놓았는지를 알아야 한다. **일단 그 결론으로 인해 얻는 이익이 무엇인지 알았으면 '필요성'을 찾아낸 것이다.**

왜 인간관계에서 일어난 문제를 결론이 아니라 구태여 필요성의 관점에서 정의해야 하는가? 그 이유는, 지고 이기는 결과를 피하기 위해서다. 로스 스태그너Ross Stagner에 따르면, 갈등이란 "둘 이상의 사람들이 서로 동시에 달성할 수 없고 어느 한 쪽만 얻을 수 있다고 여기는 목표를 추구하는 상황을 의미한다."라고 정의했다.[91] '여긴다'라는 단어가 이 문장에서 핵심이다. 만일 그 문제에 대해 처음부터 한 사람은 이기고 한 사람은 지는 전략이 아니라 모두 이기는 전략을 생각한다면, 쌍방이 모두 이득을 얻을 가능성은 급격히 커진다. 반대로, 문제의 본질을 잘못 생각하거나 좁게 생각하면, 대부분의 문제는 해결하기가 어려워진다.

문제 해결 방법의 첫 단계는, 전체 과정의 약 절반 정도의 시간이 소요되는 경우가 많다. 이 과정에서는 자신의 의사를 분명히 표현하고, 상대방의 요구조건을 완전히 이해할 때까지 적극적으로 경청한 뒤, 양측의 요구사항을 한 문장으로 정리하여 문제를 정의해야 한다. 매우 단순한 문제나 극도로 어려운 문제를 제외하면, 이 단계에 보통 5분에서 20분 정도 걸린다. 하지만 충분히 시간을 들일 가치가 있다. 옛말에도 있듯이, "문제를 명확히 정의하는 것만으로도 절반은 해결된 것이다."

‖ 2단계 : 아이디어 회의를 통해 가능한 해결책을 모으라 ‖

일단 문제를 정확하게 정의했으면 실행 가능한 방안을 찾아야 한다. 나는 이때 보통 아이디어 회의를 이용한다. 아이디어 회의는 구체적인 설명이나 장점을 평가하는 단계를 생략하고 해결책이 될 만한 아이디어를 생각나는 대로 말하는 것이다. 언뜻 보기에 해결 가능성이 없어 보이는 많은 문제들도 이 방법을 통해 명쾌하게 해결되었다.

아이디어 회의에서는 질이 아니라 양으로 승부해야 한다. 아이디어 회의를 많이 해본 사람들은 제기된 아이디어는 마지막 단계에서 대부분 제외된다는 것을 알고 있다. 하지만 일단은 아이디어를 무조건 많이 모으는 것이 급선무다.

아이디어 회의에서 기본이 되는 지침이 있는데, 이것을 따르면 좀 더 생산적인 결과를 얻을 수 있다. 또한 짧은 시간(보통은 5분 이내) 동안 창의적인 생각들을 활발하게 생각해낼 수 있다. 이 지침에서 벗어나면 새로운 아이디어가 빨리빨리 튀어나오지 않고 집단의 창의성도 떨어질 것이다. 그러면 아주 중요한 이 지침들을 살펴보자.

1. 평가하지 말라. 평가는 창의성을 억누른다. 그것은 사람들에게 방어심리를 갖게 하고, 그렇게 되면 각자의 아이디어를 얘기하지 않고 머릿속에만 담아둘 것이다. 그러므로 아이디어 회의를 할 때는 비판적인 판단을 보류해야 한다.

"안 돼!"라고 말하지 않는다.
"그건 효과 없을 거야."라고 말하지 않는다.

"그건 말도 안 되는 생각이야."라고 말하지 않는다.
"그건 비용이 너무 많이 들어."라고 말하지 않는다.
"그건 전에도 해봤잖아."라고 말하지 않는다.
"그거 정말 멋진 생각이다."라고 말하지 않는다.

제기된 아이디어 중 어떤 것이 가장 좋을지는 나중에 따로 토론할 것이다. 그러므로 일단은 '평가 금지' 규칙을 철저히 지켜야 한다. '긍정적인' 평가도 하면 안 된다.

2. 구체적으로 설명하지 말라. 설명하는 것은 신속하고 창의적인 아이디어를 창출하는 데 방해가 된다. 한창 아이디어 회의가 진행되는 와중에서 누군가가 자신의 아이디어를 자세히 설명하거나("내가 출입문에 안내문을 붙이자고 한 이유는 ……") 다른 사람이 설명을 요구하면, 아이디어가 나오는 속도는 눈에 띄게 떨어진다.

3. 엉뚱한 아이디어도 꺼리지 말라. 엉뚱한 아이디어는 처음에는 어리석어 보일지 모르지만, 그것이 씨앗의 형태로 있다가 최종해결책으로 채택될 수도 있다. 언젠가 어느 큰 항공사의 임원 한 사람이 활주로에 쌓인 눈을 치우는 방안에 대해 아이디어 회의를 한 경험을 얘기해주었다. 누군가가 관제탑에 대형 개구리를 달자고 했다. 그러면 거대한 혓바닥으로 눈을 한쪽으로 치

울 수 있다는 것이다. 얼마 지나지 않아 그 아이디어는 구체적으로 논의되어 최종적으로 채택되었다. 열풍을 분사하는 회전식 공기포가 그것이다. 때때로 유익함이 밝혀진다는 점 외에도, 엉뚱한 아이디어는 회의하는 사람들의 긴장을 풀어주어 창의적인 생각을 하도록 자극하는 역할을 한다.

4. 다른 사람의 아이디어를 확장하라. 아이디어 회의에서는 불완전한 생각들이 많이 나온다. 가장 훌륭한 해결책도 이미 나온 아이디어에 새로운 내용을 덧붙이거나 다른 아이디어와 결합해서 완성된 경우가 많다. 어느 젊은 부부가 휴가를 준비하면서 잠자리를 어떻게 해결할 것인지 아이디어 회의를 했다. 남편이 먼저 말했다. "밴을 한 대 사자." 그 아이디어를 바탕으로 아내가 말했다. "캐러밴 차량을 해마다 2주일씩 빌리는 게 낫겠어."

5. 생각나는 아이디어를 모두 적어라. (또는 상대방에게 적어 달라고 부탁하라.) 아이디어를 낸 사람의 입에서 나온 단어를 그대로 써서 적어두라. 적는 사람은 자의적으로 판단해서 편집하거나 거르면 안 된다. 그대로 받아쓰기만 하라.

6. 제안된 아이디어에 특정인의 이름을 붙이거나 각자의 기여도를 따로 나열하는 것은 피하는 것이 좋다. 모든 참여자가 제시한 아이디어는 다른 사람들의 사고를 자극하게 되므로, 비록 한 사람의 제안이 채택되었다 하더라도 사실상 이는 모두의 노력이

모인 결과물이다.

문제를 해결할 수 있는 길은 오직 한 가지뿐이라는 편견은 버려야 한다.[92] 그렇게 경직된 태도는 문제 해결을 위한 수많은 노력을 물거품으로 만들 가능성이 높다. 일단 이 방식을 일상적으로 사용하면, 아무리 골치 아픈 문제라도 명쾌한 해결책이 수없이 많다는 것을 알고 깜짝 놀라게 될 것이다.

‖3단계 : 양 당사자의 요구조건을 가장 잘 충족시켜주는 해결책을 찾아라‖

아이디어 회의에서 나온 몇 가지 해결책에 대해 구체적인 설명이 필요하다면 지금이 바로 그때이다. 구체화는 가능하면 간결해야 한다. '평가 금지' 규칙은 아이디어를 내는 단계뿐 아니라 구체화 단계에서도 필요하다. 구체화할 필요가 없으면 선정 과정에 들어가라. 제안한 아이디어 중 하나를 선택하는 단계에서는, 다음 지침이 도움이 될 것이다.

1. 여러 아이디어 중 어떤 것이 마음에 드는지 상대방에게 물어라. 제안된 해결책들을 하나씩 지워 가는 방법은 쓰지 말라. 이것은 쓸데없이 시간을 잡아먹고 사람들의 집중력과 효율성

을 떨어뜨린다.

2. 어떤 해결책이 좋은지 당신의 의견을 표명하라. 당신의 요구조건이 충족되는지 확인하라.

3. 어떤 해결책이 서로 일치하는지 확인하라.

4. 한 가지 이상의 대안을 함께 선정하라. 시작 단계에서 요구조건들을 제대로 정의했다면, 두 사람이 공통으로 택한 대안은 여러 개가 될 것이다.

해결책을 결정한 후 상대방도 만족하는지를 확인하라. 양 당사자가 선택한 해결책은 상대방뿐 아니라 당신에게도 이득이 되어야 한다. 선택한 방안이 상대방의 요구조건을 충족시키면, 그는 그것을 실행하는 데 한층 더 의욕적으로 나설 것이다. "사람들은 타인을 위해서가 아니라 자신을 위해서 실행한다."라는 격언은 참으로 지당한 말이다.

협동 문제 해결 과정에서 최선의 방식은 합의이다. 합의는 구성원의 의도를 찾아내고, 집단의 결정을 기꺼이 받아들이는 것이다. 랜시스 리커트Rensis Likert와 제인 리커트Jane Likert는 이렇게 썼다.

어떤 해결책을 찾을 때까지 계속해서 자유롭고 솔직하게 아이디어를 교환하는 것이 합의에 이르는 과정이다. 이 과정을 거치면 각 개인의 관심사를 상대방이 듣고 이해하게 되며, 결론을 찾고 공식화하는 과정에서 그것들을 최대한 고려하게 된다. 이 결론은 각 당사자의 의도를 정확하게 반영하지 못할지도 모르지만, 각자의 중요한 관심사는 무시하지 않기 때문에 모두가 수긍할 수 있다.*[93]

*일대일로 문제 해결을 할 때, 내 경험상 양 당사자는 쌍방이 합의하여 이른 결론에 대부분 만족한다. 하지만 양쪽 집단에서 (두 사람만 관련되어 있을 때도 함께 찾아낸 해결책이 '각 구성원의 요구조건을 만족스럽게 반영하지 못할 수도 있다.' 그러면 이런 의문이 들 것이다. "그게 타협과 뭐가 다르단 말인가?" 타협은 '쌍방의 양보로 이루어지는 것이고, 합의는 '집단의 결속' 즉 '전체의 동의에 이르는 과정'이다. 이 책에서는 깊이 있게 다루지 못하지만, 타협과 합의 사이에는 미세하지만 중요한 선이 있으며, 이에 대해 더 깊이 논의할 만한 가치가 있다. 그 두 가지 사이에 있는 가장 큰 차이점은 감정적인 것이다. 사람들은 보통 타협보다는 합의를 좋아한다. 또한 인간관계에 미치는 영향도 다르다. 보통 두 사람 간의 관계는 타협하는 과정보다는 합의하는 과정에서 더 친밀해지는 경향이 있다.

협동 문제 해결법을 사용할 때, 두 사람이 합의에 의해 결론을 낸다고 하면 너무 형식적이라는 느낌을 받을 수도 있다. 하지만 합의의 정신은 일관되게 적용해야 한다. 협동 문제 해결법에서는 다수결 투표, 의회식 의사결정 과정, 만국통상회의법을 사용하지 않는다. (대규모 집단의 의사를 결정하는 데 비공식 투표가 도움이 될 수는 있을 것이다. 하지만 이것들은 구성원들의 결속력에 도움이 되지 않을 뿐 아니라 불필요한 경우가 대부분이다.)

양측이 서로 바람직해 보이는 해결책을 선택했다면, 그 해결책 또는 여러 해결책의 조합이 가져올 수 있는 결과들을 탐색하는 것이 중요하다. 언뜻 바람직해 보이는 해결책도 예상치 못한 결과 때문에 실패하는 경우가 많기 때문이다. 모든 결과를 정확히 예측하는 것은 불가능하지만, 문제 해결에 능숙한 사람들은 이 중요한 단계를 결코 간과하지 않는다.

‖ 4단계 : 누가, 무엇을, 어디서, 언제까지 할 것인지 계획하라 ‖

구성원들의 요구조건을 하나로 모아 결론을 찾는 데만 몰두하다가 해결책을 실행할 방도는 생각도 하지 않고 성급하게 자축하는 경우가 많다. 하지만 해결책보다는 그것을 실행하는 것이 더 중요하다. 그러므로 당사자는 누가, 무엇을, 어디서, 언제까지 할 것인지 정해야 한다. 어떻게 실행할 것인지를 협의하는 것도 중요하다. 또한 실행하는 과정을 점검하기 위해 당사자들이 언제 모일 것인지를 정해두는 것도 필요하다.

건망증이 있는 사람도 많다. 어떤 사람들은 기억하기는 하지만 정확하지 않다. 그러므로 누가, 무엇을, 언제까지 할 것인지를 포함한 합의사항을 적어두는 것이 좋다. 문자로 합의사항을 기록해두는 것은 단지 기억을 되살리는 것에 불과하다. 가능한 한 문제 정의부터 브레인스토밍한 아이디어, 해결 방안, 실행 계획까지 한 장에 모두 정리하는 것이 좋다.

‖ 5단계 : 계획 실행하기 ‖

지금까지는 모두 생각하거나 말하는 과정이었다. 이제 누가, 무엇을, 언제까지 할 것인지에 대해 쌍방이 합의한 내용을 행동에 옮길 때다.

하지만 때로는 진심을 담아 맺은 약속도 지켜지지 않을 수 있다. 이러한 상황에서는 단호한 의사 전달 메시지를 보낸 후, 상대방의 입장을 경청하고 그 의견을 되돌려주는 것이 적절할 수 있다.

‖ 6단계 : 문제 해결 과정과 해결책의 효과 평가하기 ‖

문제 해결 단계가 끝난 다음에 나는 잠시 시간을 내어 이 과정이 얼마나 잘 진행되었는지 토론한다. 우리가 토론할 주제는 다음과 같다.

- 우리가 밟아 온 전반적인 과정에 대해 우리 두 사람이 느끼는 것

- 그 과정에서 우리 각자가 가장 만족한 점
- 그 과정에서 우리 각자가 가장 불만스러웠던 점
- 내게 힘들었던 일
- 상대방에게 힘들었던 일
- 내가 한 말이나 행동에서 후회되는 것
- 상대방이 자신이 한 말이나 행동에서 후회하는 것
- 우리가 각자 다음에 더 잘할 수 있는 것

문제 해결의 마지막 단계를 향해 가면서 나는 항상 시간을 내서 해결책이 우리에게 얼마나 효과가 있었는지 토론한다. 어떤 실행 계획은 전체적으로든 부분적으로든 시간이 지남에 따라 효력이 없다는 것이 밝혀지기도 한다. 실행 계획이 효력을 발휘하지 않으면 수정하거나 계획을 새로 짜야 하지만, 제대로 효과를 봤다면 어려운 문제를 성공적으로 해결한 것에 대해 자축을 해도 될 것이다.

| 협동 문제 해결법이 의미하는 것 |

컨설턴트인 피터 로슨Peter Lawson은 협동 문제 해결법의 각 단계에는

의식적으로든 잠재의식적으로든 서로 공유하는 메시지가 있다고 지적한다. 몇 년 동안 나는 그가 말한 내용에 내 생각을 덧붙여 왔다. 다음은 문제 해결 과정의 각 단계에서 찾아낸 메시지들이다.

단계	메시지
1. 필요성의 견지에서 문제를 정의하라.	・당신에게 무엇이 필요한지 아는 것은 내게 중요한 일이다. 당신은 내게 중요하다. 나는 중요하기 때문에 내게 무엇이 필요한지 표현해야 하고, 당신은 그것을 들어줘야 한다. 우리는 서로를 진심으로 이해할 수 있다.
2. 아이디어 회의를 통해 가능한 해결책을 모아라.	・나는 당신과 나의 창의적인 생각을 소중하게 생각하고 있다. 그리고 우리가 협력하면 공동의 문제에 대해 훨씬 더 참신한 해결책을 생각해낼 수 있다고 믿는다.
3. 양 당사자의 요구조건을 만족시킬 수 있는 해결책(들)을 선택하라. 그리고 거기에서 발생할 수 있는 결과를 미리 생각해보라.	・나는 당신의 요구조건과 내 요구조건이 모두 충족되기를 바란다. 그리고 각자의 고유한 영역을 지키기를 바란다.
4. 누가, 무엇을, 어디서, 언제까지 할 것인지를 계획하라.	・당신과 나는 협력하여 우리의 요구조건을 충족시키기 위해 공동으로 결정하고 함께 계획을 세울 것이다.

5. 계획을 실행하라.	• 당신과 나는 우리 삶의 질을 높이고 관계를 개선하기 위해 각자의 행동을 바꿀 능력이 있다. 우리가 서로에 대해 한 약속은 행동으로 보여줘야 한다.
6. 문제 해결 과정과 해결책의 효과를 평가하라.	• 당신과 나는 우리 사이에 발생한 문제의 해결 방식을 앞으로도 계속 개선하려고 한다. 우리는 이 상호작용에 관해 느낀 점을 정직하고 성실하게 토론할 것이다.
그리고 해결책	• 우리는 특정한 해결책이나 정책, 프로그램에 매여 있지 않다. 우리가 내린 결정이 기대에 미치지 못한다면, 얼마든지 더 나은 방향으로 수정하고 개선할 수 있다.[94]

| 해결 과정에서 흔히 발생하는 함정 피하기 |

위의 과정은 대부분의 사람들에게 높은 성공률을 보였다. 그럼에도 불구하고 이 과정이 잘 작동하지 않을 때는, 대개 이러한 과정에서 발생하는 흔한 함정들 중 하나에 빠진 경우다.

‖ 감정을 먼저 다루지 않는 것 ‖

감정이 고조되어 있다면, 문제 해결 과정을 시작하기 전에 갈등 해결 방법을 통해 감정을 정상 범위로 되돌려야 한다. 이 접근법의 핵심은, 감정이 격앙되어 있을 때는 다른 어떤 것보다도 먼저 그 감정을 다뤄야 한다는 것이다.

‖ 문제를 제대로 정의하지 않는 것 ‖

많은 사람들은 상대방의 필요를 이해하기 위해 충분히 오래, 수용적으로, 또는 효과적으로 경청하지 않는다. 그리고 자신의 필요도 정확하게 명시하지 못할 수 있다.

때로는 실질적인 필요가 아닌 단순히 가치관의 문제일 때도 이 방법을 사용하려고 하는 경우가 있다. 하지만 이 과정은 가치관의 충돌을 해결하기 위한 것은 아니다.

‖ 아이디어 회의 중 평가나 해명을 하는 것 ‖

우리가 가르친 대부분의 사람들은 아이디어 회의 단계에서 평가, 해명, 논평, 예시 제시 등으로 중단하고 싶은 강한 유혹을 받았다. 이는 효과적인 브레인스토밍을 방해하고 결국에는 무력화시킬 수 있다. 해결책의 질은 브레인스토밍의 효과에 달려 있기 때문에 이러한 함정에 빠지지 않는 것이 중요하다. 만약 상대방이 이 단계에서 평가를 하거나 주제에서 벗어나려 한다면, 신속하면서도 부드럽고 단호하게 본래의 과정으로 돌아가야 한다. 하지만 당신의 개입이 상대방에게 자신을 무시하는 것처럼 받아들여진다면, 이는 브레인스토밍을 방해할 수 있다.

‖ 세부적인 사항을 해결하지 않는 것 ‖

관계가 더 편안해지고 상호 합의할 수 있는 해결책을 찾은 후에 많은 사람들은 문제 해결 과정을 끝내버린다. 그들은 다음에 취해야 할 구체적인 단계들을 명확히 정하지 않기 때문에 해결책이 실행되지 않고, 이는 결국 해결책의 효과를 떨어뜨리며 때로는 관계까지도 손상시킬 수 있다.

‖ 실행 단계가 제대로 이행되는지 확인하지 않는 것 ‖

합의에 도달했다고 해서 반드시 그것이 실행된다는 보장은 없다. 많은 사람들이 바쁜 일정, 수많은 우선순위, 그리고 공동의 계획 실행을 방해할 수 있는 여러 복잡한 상황에 직면해 있다. 상대방이 계획을 실천하지 않는다고 해서 반드시 그들이 당신이나 합의된 해결책에 관심이 없다는 의미는 아니다. 따라서 공동의 문제 해결 과정에서 진전을 평가하기 위해 현실적인 점검 시점을 정하고 이를 활용하는 것이 중요할 수 있다.

때로는 해결책에 대한 합의에 도달하지 못할 때가 있는데, 이는 과정의 한두 단계를 더 효과적으로 수행해야 하기 때문일 수 있다. 문제는 보통 3단계(해결책 선택)에서 드러난다. 이럴 때는 다시 시도해보는 것이 도움이 될 수 있다. 자신의 요구사항을 명확하고 간단하게 주장하라. 상대방의 요구사항을 발견할 때까지 충분히 오래 경청하라. 그런 다음, 공동의 문제를 명확히 인식한 상태에서 평가, 해명, 설명, 또는 주제 이탈 없이 자유롭게 브레인스토밍을 하면 된다. 많은 경우, 이 과정을 두 번째 시도할 때 상호 이익이 되는 해결책에 도달한다.

| 협동 문제 해결법 적용하기 |

‖ 목표 설정 ‖

　목표를 설정할 때 협동 문제 해결 과정을 효과적으로 활용할 수 있다. 예를 들어, 오스틴은 매년 5,000달러를 장기저축 계좌에 넣고 싶어 했다. 그러나 그 목표는 오스틴의 파트너인 릴리가 직장을 그만두고 대학원에 진학하려는 목표와 충돌하는 듯 보였다. 이전에는 오스틴과 릴리가 이 문제로 다투곤 했지만, 이번에는 각자의 의사를 명확히 밝히고 해결책을 함께 고민한 뒤, 협동 문제 해결 과정의 나머지 단계를 차례로 진행했다. 그 결과, 릴리가 대학원에 다니는 3년 동안은 저축을 하지 않기로 하고, 그녀가 다시 일을 시작한 후 첫 6년 동안 매년 7,000달러를 저축하기로 결정했다. 이로써 두 사람 모두 자신의 요구사항이 충족된다는 점에서 만족할 수 있었다.

로버트는 목표 관리(MBO) 방식을 도입한 공장에서 관리자 역할을 하고 있다. MBO의 기본 개념 중 하나가 상사와 직원이 협력하여 직원이 다음해에 달성해야 할 목표를 함께 설정하는 것이어서 효과적인 커뮤니케이션은 MBO의 성공에 필수적인데, 로버트는 공장 직원들이 이 시스템을 원활하게 운영하는 데 필요한 대인관계 기술을 전혀 교육받지 않았기 때문에 이 과정이 형식적인 절차에 불과하다고 생각했다.

로버트와 그의 상사는 경영 커뮤니케이션 기술에 관한 교육을 받은 후, 지난 한 해 동안의 성과와 문제점에 대해 논의한 뒤 다가오는 해의 목표를 설정하기 시작했다. 로버트의 상사는 먼저 회사의 연간목표, 부서의 목표, 그리고 부서와 회사의 목표 달성을 돕기 위한 자신의 목표를 간략하게 설명했다. 상사의 핵심과제는 이 목표들을 달성하는 것이었으며, 이를 위해 로버트는 해당 목표에 기여할 방법을 찾아야 했다.

그리고 나서 로버트의 상사는 그가 다음해에 가장 이루고 싶은 것이 무엇인지 물었다. 로버트의 요구사항이 명확해지자 두 사람은 각자의 목표를 하나의 진술로 통합하고, 두 가지 목표를 모두 충족할 수 있는 방법을 함께 고민한 후, 상호 만족할 수 있는 목표를 설정했다. 구체적인 실행 계획은 이후 회의에서 마련되었다. 다음은 로버트가 언급한 내용이다.

"MBO는 이전까지 전혀 의미가 없다고 생각했어요. 하지만 이제는 제 상사와 부서가 무엇을 원하고 필요로 하는지, 그리고 그 이유까지도 이해하게 되었습니다. 또한, 제 역량을 활용하고 관심사를 반영할 수 있는 최적의 방법도 찾았죠. 우리가 예정한 정기 검토 회의도 지금처럼 원활하게 진행된다면, 회사가 원하는 결과를 얻을 수 있을 뿐만 아니라 제 개인적인 목표도 많이 달성할 수 있을 거라고 생각합니다."

‖ 일대일로 도움주기 ‖

상대방의 요구사항이 강력할 때는 경청하기가 적절하다. 그러나 때로는 상대방의 표면적인 문제를 넘어 근본적인 문제까지 반사적으로 경청한 후에도, 그 사람이 문제 해결과 의사결정 능력이 부족하여 과정이 교착상태에 빠질 수 있다.

만약 충분히 경청하여 핵심문제를 이해했다고 생각된다면, 문제 해결 모델을 설명하는 것이 바람직할 수 있다. 상대방이 이에 대해 열린 태도를 보인다면, 당신의 역할은 이 과정을 이끌어가는 것이다. 이 과정은 협동 문제 해결이 아니므로, 1단계에서는 오직 상대방의 필요만을 명확히 한다. 2단계에서는 해결책을 평가하거나 설명하지 않고, 아이디어를 자유롭게 떠올리는 데 집중하도록 돕는 것이 중요하다. (3단계에서는 일부 - 절대로 거의 다가 아닌 - 해결책을 제시하는 것이 적절할 수도 있다.) 최적의 해결책을 선택하는 것은 전적으로 상대방의 몫이지만, 당신은 그들이 가장 바람직한 해결책의 가능한 결과를 예상해보도록 유도할 수 있다. 이후의 단계도 이와 유사한 방식으로 진행하면 된다. 이를 통해 상대방이 스스로 문제를 해결할 수 있도록 돕는 동시에, 앞으로도 활용할 수 있는 문제 해결 과정을 배우게 된다.

‖ 그 밖의 적용 분야 ‖

협동 문제 해결법을 적용할 분야는 많지만, 두 가지만 더 언급하겠다. 이 방법은 규칙과 정책을 정할 때 사용해도 효과적이다.

명시적으로든 암묵적으로든 모든 관계, 가정, 조직에는 규칙이 있다. 그런데 규칙이나 정책을 정할 때는 그것을 지킬 사람들이 참여하는 것이 바람직하다. 규모가 큰 집단이라면 대표를 몇 명 뽑아서 참여시키는 것도 괜찮다. 새 학년이 시작될 무렵에 어떤 담임교사들은 반 학생들과 함께 그해의 행동규칙을 협동 문제 해결법으로 정한다. 한 해를 보내면서 새로운 규칙이 필요해지면 학생들이 원래의 규칙에 새로 몇 가지를 보태고, 어떤 규칙이 불필요해지면 그것들을 폐지한다. 규칙을 제정하는 데 '참여의 원칙'을 바탕으로 하면, 더 합리적인 규칙이 만들어지고 구성원들도 그 규칙을 더 잘 지키게 된다.

둘째, 누군가는 인생이 문제의 연속이라고 말하기도 한다. 이 6단계 문제 해결 과정은 개인적인 문제를 체계적인 접근을 통해 해결하는 데에도 활용할 수 있다.

| 요약하자면… |

협동 문제 해결법 대신 흔히 쓰는 방법들로 회피하기, 무조건 승복하기, 독선적으로 강요하기, 그리고 타협하기가 있다. 경우에 따라서는 이런 방식이 적절할 때도 있지만, 습관적으로 사용하면 부정적인 결과로 이어진다.

대부분 긍정적인 결과를 낳는 협동 문제 해결법은 다음의 여섯 단계로 이루어져 있다.

1. 결론이 아니라 필요성을 중심으로 문제를 정의하라.
2. 아이디어 회의를 통해 가능성 있는 해결책을 모아라.

3. 양 당사자의 필요성을 가장 잘 충족시켜줄 수 있는 해결책(그로 인한 결과를 생각해본 후에)을 선택하라.
4. 누가, 무엇을, 어디서, 언제까지 할 것인지를 계획하라.
5. 계획을 실행하라.
6. 문제 해결 과정을 평가하고, 나중에 그 해결책이 얼마나 효과가 있었는지도 평가하라.

만약 문제 해결 과정이 효과적으로 작동하지 않는다면, 이 방법의 효율성을 저해하는 흔한 함정을 피했는지 다시 확인하거나 과정을 다시 진행해보라. 이 방법은 가정, 직장, 학교 등, 다양한 상황에서 활용될 수 있다. 목표 설정, 특정 단계에서의 경청 보완, 규칙 설정, 개인적인 문제 해결 등에 사용할 수 있다. 이것은 매우 중요한 기술로 조지 프린스가 말했듯이, "창의적인 문제 해결 능력을 활용하지 않으면, 결국 자신의 삶의 질을 떨어뜨리게 된다."[95]

‖ CHAPTER 8 ‖

효과적인 의사소통을 위한 3가지 핵심요소

내면의 정신을 어떤 보물보다 소중하게 지켜라. 그것은 삶의 자원이다.[96]

-고대 철학자

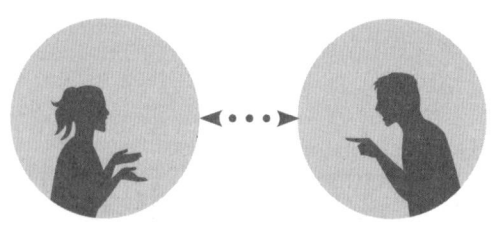

| 의사소통에서 기술이 전부는 아니다 |

행동과학 분야의 연구자들은 의사소통을 증진하는 데 필요한 핵심적인 자질 세 가지가 진실함, 무소유적 사랑, 그리고 공감이라고 주장한다.

진실함이란 자신의 감정, 욕구, 생각을 솔직하고 꾸밈없이 표현하는 태도를 말한다. '신분을 감추고 여행하듯' 진정한 자아를 숨기는 것은 완고한 거부의 태도이다.

무소유적 사랑은 상대방을 인정하고 존중하면서, 권위적이지 않은 자유로운 방식으로 다른 사람에게 애정을 보여주는 것이다.

공감은 다른 사람의 표정과 말을 진심으로 보고 들으면서 그의 관점에서 그의 심경을 이해하는 능력이다.

1950년대 후반, 심리학자 칼 로저스는 이 세 가지가 효과적인 의사소통에 핵심적인 자질이라는 가설을 세웠다.[97] 그후 100여 건의 연구를 통해 그의 가설이 옳다는 것이 판명되었다. 실험에 의하면, 정신과의사가 이 세 가지 태도의 지수가 높으면 환자와의 관계가 원만했고, 이 지수가 낮으면 둘 사이의 관계가 삐걱거렸다. 다른 자료에 의하면, 이런 자질이 몸에 밴 교사한테서 배운 학생들의 성취도는 그렇지 못한 교사의 학생들보다 훨씬 높았다.

외과의사와 간호사들이 외과적 수술 기술이나 약학 기술 외에 이런 자질을 발휘했을 때도 환자들의 건강이 빨리 회복되었다. 관리자에게 이런 자질이 있으면 직원들의 의욕이 높아지고 반발은 줄어든다. 이런 자질이 있는 판매원들은 고객의 마음을 움직여 판매량을 높인다. 만족스러운 결혼생활과 긍정적인 부모-자식 관계도 진실함, 무소유적 사랑, 그리고 공감이 있을 때에만 가능하다.

구체적인 방법과 기술뿐 아니라 그 사람의 태도도 의사소통에 영향을 준다. 의사소통 기술은 인간 본성의 표현을 촉진하는 한에서 도움이 될 뿐이다. 의사소통 기술이 전문가 수준이라도 진실함과 사랑, 공감이 결여된 사람의 전문가적 기술은, 아무 소용이 없고 오히려 해가 될 수 있다. 의사소통에 기술이 중요하기는 하지만 그것만으로는 만족스러운 관계를 만들어낼 수 없다는 뜻이다.

| 진실함 |

진실함이란 꾸밈없이 자신의 참 모습을 보여주는 것이다. 진실한 사람은 자신의 감정을 잘 알고 적절한 때에 그것을 표현할 수 있다. 진실한 사람은 다른 사람과 함께 있을 때에도 자연스럽고 솔직하게 행동하기 때문에 다른 사람들은 그의 진실한 모습을 본다. 즉 눈에 보이는 모습이 그의 진실한 모습이다.

반대로, 진실하지 못한 사람은 다른 사람에게 자신의 진짜 생각, 기분, 가치관, 동기를 숨긴다. 그러한 방어심리와 은폐는 불행하게도 그의 자아 인식까지 방해한다. 그래서 머지않아 자기 안에 있는 가장 진실한 모습과 자연스러움은 깊이 묻혀 자신조차 그것을 찾지 못하게 된다.

진실함은 진지한 인간관계에서 필수적인 요소다. 다른 사람과 관계를 맺으려면 용감하게 자기 자신이 되어야 하는데, 진실하지 못하면 의미 있는 인간관계를 맺지 못한다.

누구나 자신의 진실한 모습을 다른 모습으로 위장한다. 적어도 그런 때가 있다는 말이다. 사실 개성이라는 단어는 배우의 가면이라는 뜻의 라틴어 '페르소나$_{persona}$'에서 유래한 것이다. 진실한 사람은 자신을 100퍼센트 드러내는 것이 불가능하다는 것을 알고 있다. 다만 다른 사람과 함께 있을 때 정직함과 솔직함을 적절한 방식으로 드러낼 뿐이다.

진실함에는 세 가지 요소가 있다. 자아 인식, 자아 수용, 자기표현이다.

‖ 자아 인식 ‖

19세기에 활동했던 저명한 정치만평가 토마스 내스트$_{Thomas\ Nast}$는 어느 날 친구들 모임에 참석했는데, 누군가가 그에게 그 자리에 참석한 사람들의 캐리커처를 그려 달라고 부탁했다. 그는 연필을 들고 능숙한 솜씨로 한 사람씩 재빨리 그린 후, 각자의 주인공들에게 그것을 나눠주었다. 그런데 사람들은 다른 사람들의 캐리커처를 보고는 실물을 금방 알아차렸지만, 자기 자신의 캐리커처는 거의 알아보지 못했다.

자신을 아는 것이 항상 쉬운 일은 아니지만, 그 능력을 키우는 것은 분명히 가능하다. 이를 위해 자기 이해를 증진시키기 위한 많은 기법들이 고안되고 있다.[98]

자아 인식을 높이기 위해서는 현재 활용하고 있는 것보다 자신에 대해 더 많은 이해가 가능하다는 점을 깨닫는 것이 중요하다. 우리는 흔히 내면의 목소리를 차단하거나, 그 목소리가 들리더라도 무시하곤 한다. 예를 들어, 외로움을 느낄 때 TV를 켜서 이런 불편한 감정에서 벗어나려 한다거나, 자신이 미미한 존재라고 느낄 때 일중독이 되어 그러한 인식을 의식에서 몰아내려 하기도 한다. 소크라테스의 "너 자신을 알라."는 가르침을 따르는 가장 **빠른** 방법 중 하나는, 의식이 희미하게나마 감지하고 있는 자신에 대한 인식을 차단하거나 무시하지 않는 것이다.

‖ 자아 수용 ‖

사람들은 내면의 충동을 무시한다. 자신의 감정과 생각을 완전히 받아들이지 않기 때문이다. 많은 사람들은 분노나 성적인 충동, 환상 등을 부끄럽게 생각한다. 인간의 자연스러운 성향인 그런 것들을 '부정'하거나 '사악'하다고 본다. 가끔 우리는 다른 사람들이 겉으로 보여주는 모습과 자신을 비교하곤 한다. 이로 인해 우리는 스스로를 주눅들게 만들고, 자신을 있는 그대로 받아들이기 어려워한다.

자아 수용 능력을 강화하는 경험은 많다. 이를테면, 능력 있는 지도자가 이끄는 낯선 사람들과의 집단 상담, 성실하고 명석하며 이해심 많은 의사와의 심리 치료, 마음이 넓은 사람과의 우정, 종교에의 귀의, 그리고 여러 가지 인생 경험이 도움이 된다.

의사소통 기술 훈련을 통해서도 자기 수용 능력을 키울 수 있다. 우리 연수회에 참가한 많은 사람들이 이 훈련에서 얻은 것 중 가장 소중한 성과로 꼽는 것은, 자신의 감정에 대해 너그러워지고 자신을 전보다 더 좋아하게 되었다는 것이다. 효과적으로 의사소통하는 능력이 생기면서 자긍심이 높아진 것이다.

‖ 자기 표현 ‖

진실함의 세 번째 요소는 자기 표현이다.

자기 표현에 능한 사람은 자기 내면의 생각이나 감정을 잘 알고, 그것을 받아들이며, 적당한 때에 적절한 방식으로 다른 사람과 공유한다. 큰 걱정거리가 있을 때에도 그는 그 순간에 자신이 느끼는 바를 솔직하고 차분하게 표현한다. 이 주제에 관련하여 나는 데이비드 던컴$_{David\ Duncombe}$의 글에서 많은 영향을 받았다. 그는 진실한 태도와 열려 있는 태도는 그 사람의 생활 전반에 영향을 준다고 주장한다.[99]

가까운 사람이 죽었거나 걱정거리가 있거나 당황스러운 일이 생겼을 때에도 진실한 사람은 그의 감정을 대부분 드러낸다. 자신이 기대에 못 미치는 행동을 했을 때에도 솔직하게 부족함을 인정한다. 또한 남의 눈치를 보지 않고 자신의 기쁨을 표현하고 자신의 성공에 대해 즐겁게 이야기한다.

화가 났을 때는, 분노를 해소하고 기분을 전환하고 인간관계를 회복하거나 개선시킬 가능성이 가장 높은 방식으로 신중하게 그것을 표현한다. 또한 애정도 핑계나 구실을 앞세우지 않고 솔직하게 표현한다.

모든 인간에게는 상충되는 감정이 있다. 진실한 사람은 친구관계에서나 부부관계, 그리고 직장에서 느끼는 만족감과 좌절감을 과장하지도 축소하지도 않고 터놓고 표현한다. 슬픔을 솔직하게 표현하고, 기쁨도 마찬가지로 거리낌 없이 표현한다.

진실함은 단독으로 존재하지 못한다. 진실함을 조성하는 분위기를 만들어내는 것은 사랑과 이해심이며, 이러한 자질들은 진실한 의사소통을 야만적인 것이 아니라 아름다운 것으로 만든다. 《벨벳 토끼 The Velveteen Rabbit》라는 동화는 진실함이 발전되어 가는 방식을 경쾌하게 묘사한 작품이다.

"진짜란 뭐예요?" 어느 날 토끼가 물었습니다. "몸 안에서 부르르 거리는 것이 있고 튀어나온 손잡이가 있다는 뜻인가요?" "진짜란 건 네가 어떻게 만들어졌느냐가 아니란다." 낡은 목마가 말했습니다. "어린아이가 널 오랫동안, 정말 오래도록 사랑할 때, 그저 가지고 놀기만 하는 게 아니라 진정으로 사랑할 때, 그때 네가 진짜가 되는 거야. 이건 한순간에 일어나는 게 아니야." 낡은 목마가 말을 이었습니다. "보통은 네가 진짜가 될 무렵이면, 사랑받았던 털은 다 빠지고, 눈알도 떨어져 나가고, 관절도 헐거워지고 아주 낡게 되지. 하지만 이런 건 전혀 중요하지 않아. 왜냐하면 일단 네가 진짜가 되고 나면, 이해하지 못하는 사람들의 눈에만 보기 흉할 뿐, 결코 못생긴 게 아니거든."[100]

| 무소유적 사랑 |

무소유적 사랑은 의미 있는 의사소통을 촉진하는 핵심적인 자질이다. 무소유적 사랑을 표현하는 말은 여러 가지이다. 가장 널리 알려진 단어로는 '존중', '수용', '긍정적인 호감' 등이 있는데, 이것들은 내가 말하려는 의미 중 일부만 나타내고 있다. 사랑이라는 말은 너무 많이 쓰여서 요즘은 거의 무의미해져버렸지만, 그래도 그것을 사용하고 있는 것은 그 단어에 소중하고 인간적이고 역사적인 의미가 담겨 있기 때문이다.

칼 로저스에 따르면, 우리가 사랑이라는 단어를 로맨틱하거나 배타적인 것이 아니라 신학자들이 말하는 '아가페'와 같은 것이라고 이해한다면, 사랑이란 어떤 사람을 있는 그대로 사랑하는 것이라고 한다.[101] 유명한 정신과의사 칼 메닝거$_{Karl\ Menninger}$는, 아가페란 한 사람이 다른 사람에 대해 베푸는 '참을성, 공정함, 변함없음, 합리성, 친절함, 한마디로 진정한 사랑'이라고 말했다.[102]

고대 그리스인들은 사랑을 세 가지로 분류했다. 먼저, '필리아$_{Philia}$'는 우정을 의미한다. 많은 고대인들은 필리아를 모든 사랑의 유형 중에서 가장 행복하고 가장 인간적인 것이라 생각했다.[103]

'에로스$_{Eros}$'는 연정이다. 창조하고 자손을 낳으려는 사랑의 충동을 포함하지만, 성적인 사랑만을 의미하는 것은 아니다. 그것은 로미오와 줄리엣의 사랑, 또는 뮤지컬 '웨스트사이드 스토리$_{West\ Side\ Story}$(셰익스피어의 사랑 이야기를 현대화한 것)'에 나오는 토니와 마리의 사랑을 의미한다.

'아가페$_{Agape}$'는 다른 사람의 행복을 바라는 의지이다. 왈도 비치$_{Waldo\ Beach}$와 리처드 니부어$_{H.\ Richard\ Niebuhr}$가 주장했듯이, 이 사랑은 감성적으로 끌리는 감정이 아니고, 로맨틱한 매력도 아니고, 보상을 바라는 사랑도 아니고, 지적인 태도도 아니다. 단지 '이웃을 위해 자신을 헌신하려는 의지'이다.[104]

가장 가치 있는 관계는 이 세 가지 중 한 가지 이상을 가지고 있다. 한 여자에 대한 한 남자의 사랑은 에로스로 시작되었을지 모르지만, 그것은 필리아로 인해 풍부해지고 아가페라는 헌신을 통해 더 심오하고 안정된 관계가 될 수 있다. 이 책 ①권의 서문에는 이 세 가지 요소가 다 들어 있는 관계가 언급되어 있다.

‖ 반드시 좋아해야 사랑할 수 있는 것은 아니다 ‖

누구나 맞닥뜨리는 근본적인 문제가 한 가지 있다. "내가 사랑해야 하는 사람인데, 좋아하지도 않는 사람을 어떻게 사랑할 수 있는가?" 하는 것이다. 교사들은 흔히 자기 반 학생들 한 명 한 명을 모두 좋아해야 한다고 생각한다. 하지만 마음에 안 드는 학생들은 항상 있게 마련이다. 어떤 관리자들은 자신의 부하직원들을 모두 좋아해야 한다고 생각하지만, 안타깝게도 그들 중에는 항상 싫어하는 부류가 있게 마련이다. 부모들도 흔히 자식들을 똑같이 사랑해야 된다고 생각하지만, 가슴에 손을 얹고 생각해보면 자식들 중 특히 정이 가는 아이가 있을 것이다. 아이들이 자라는 동안 어떤 시기에는 자기 자식이라도 정말 미울 때가 있을 것이다. 로레인 한스베리Lorraine Hansberry가 쓴 《태양의 건포도A Raisin in the Sun》라는 작품에 이것이 잘 나타나 있다. 성장한 아들 월터는 가족의 돈을 탕진했고, 그 결과 가족은 비참한 환경에서 살아야 했다. 그는 가족의 자존심을 밟아 뭉갰고, 여동생은 그에게 격분했다. 그에게는 사랑할 만한 점이 아무것도 없는 것 같았고, 그녀가 느끼는 것은 오직 경멸감뿐이었다. 그의 어머니도 상처를 받았고 실망했다.

하지만 그녀는 좋아하는 마음이 사라진 뒤에도 사랑은 남아 있을 수 있다는 것을 알고 있었다. 이 위기의 상황에서 그녀가 가족에게 한 이야기에 아가페의 본질이 들어 있다.

어디에건 사랑할 만한 구석은 있는 법이다. 그것을 모르고 있다면 너는 배운 게 아무것도 없는 거야. 오늘 월터를 위해 눈물을 흘렸니? 내 말은 네 처지나 우리가 파산한 일 때문이 아니라 월터를 위해 울었느냐는 말이다. 그 애가 겪어온 일, 그리고 그 애에게 일어난 일을 생각하며 울었느냐는 뜻이다. 얘야, 너는 누군가를 가장 사랑해야 할 때가 언제라고 생각하니? 그들이 착한 일을 해서 모두를 수월하게 해주었을 때? 음, 그렇다면 너는 아직 멀었다. 그건 완전히 잘못된 생각이야. 사랑이 가장 필요한 때는 그 사람이 세상에서 혹독한 시련을 당하고 가장 비참한 처지에 있을 때, 그리고 자신을 믿지 못할 때야. 누군가를 판단하려면 제대로 판단해야 해. 얘야, 올바로 판단해야 한다. 이렇게 될 때까지 그 애가 걸어 왔을 가시밭길을 생각해보란 말이다.[105]

다행히, 사랑과 좋아하는 감정은 붙어 다닐 때가 많다. 하지만 그렇지 않을 때라도 우리는 좋아하지 않는 사람을 의지로써 사랑할 수 있다. 월터의 엄마가 그랬던 것처럼 말이다.

‖ 수용은 사랑의 중요한 표현이다 ‖

수용은 '다른 사람에 대한 중립적인 태도'라고 표현하는 것이 가장 적절할 것이다. 수용이란 다른 사람의 생각이나 감정, 행동에 대해 판단하지 않는 태도를 보여준다는 뜻이다. 상대방은 울 수도 있고 웃을 수도 있고 화를 낼 수도 있다. 이런 행동이 우리 마음에 들지 않더라도 우리는 그를 수용할 수 있다. 그렇기 때문에 나는 수용을 '그럼에도 불구하고 하는 사랑'이라 명명한다. 나는 어떤 사람의 행동이나 의견이 내 가치관과 맞지 않고 때로는 정반대일지라도, 그에 대해서 중립적인 태도를 견지한다.

우리 모두는 인정받고 싶어 한다. 완벽한 사람은 없다. 누구나 자신의 역량을 다 발휘하지 못하고 각자의 책임을 완수하지 못할 때가 있다. 또한 우리는 모두 자신에게나 다른 사람에게 상처를 준 적이 있다. 내가 다른 사람들과 다르거나 부족한 모습을 보일 때에도 다른 사람이 그것을 받아들여준다면, 나는 내가 지닌 결점과 엉뚱함에도 불구하고 이 모습 그대로 사랑받을 수 있다는 것을 깨닫게 된다. 수용은 긍정적인 자기애를 북돋우고 그 사람이 지닌 재능을 일깨워 잠재력을 최대한 발휘하게 한다.

인간 본성에 관한 몇 가지 사실을 알면, 다른 사람을 좀 더 쉽게 수용할 수 있을 것이다.

1. 다른 사람보다 더 잘 수용하는 사람이 있다. 어린 시절 가정환경이나 유전 등 몇 가지 요인은 수용할 수 있는 범위에 영향을 준다.

2. 한 사람의 수용의 정도는 끊임없이 변한다. 토마스 고든은 자신의 변화, 상대방의 변화, 그리고 환경의 변화에 따라 수용하는 정도가 달라질 수 있다고 지적한다.[106] 예를 들어, 불행하고 피곤하고 신경이 곤두서 있고 스트레스를 받을 때보다는, 편안하고 여유롭고 행복할 때 수용의 폭이 넓어진다. 따라서 인간관계에서 항상 일관성을 유지하겠다는 불가능한 목표에 도전하기보다는, 자신의 내면의 기분과 조화를 이루고 자신이 처한 상황과 공명하려고 노력하는 것이 훨씬 더 현실적이다.

3. 우리들은 모두 수용의 폭을 넓힐 수 있다. 이 책에서 설명한 기술들을 통해 수용의 정도를 높일 수도 있다. 하지만 누구도 완벽하게 수용할 수는 없다는 것, 그리고 어떤 사람들은 가정환경이나 그 밖의 다른 요소 덕분에 처음부터 다른 사람들보다 수용의 폭이 넓다는 것을 인정해야 한다.

4. 거짓 수용은 상대방에게나 두 사람의 관계에 도움이 되지 않는다. 어떤 사람들은 속으로는 그렇지 않으면서 다른 사람의

행동을 수용하는 척하는 경우가 있다. '좋은 부모'나 '좋은 선생님' 또는 '괜찮은 친구'라는 역할을 하기 위해서일 것이다. 그들은 수용할 수 있음을 보여주려고 노력하지만, 마음속으로는 상대방을 수용할 수 없다. 다른 사람을 진심으로 수용할 수 없을 때에는 그것을 솔직하게 인정하는 것이 좋다. 그런 정직함 때문에 갈등이 생길지도 모르지만, 그렇게 해야 화해를 할 수도 있고 결과적으로는 의미 있는 관계를 형성할 수 있다.

5. 마지막으로, 수용한다는 것은 동의한다는 것과는 다르다. 다른 사람의 감정을 수용하면서도 그의 행동에는 동의하지 않을 수도 있다. 옛 속담에서 전하듯이, "죄는 미워해도 사람은 미워하지 말라."와 같은 의미처럼 말이다.

‖ 존중, 사랑의 또 다른 핵심요소 ‖

진정한 사랑은 마르틴 부버가 말한 다른 사람과의 '근본적인 차이'를 존중한다. 그것은 타인의 사적인 영역을 중요시하고, 그의 자기 지향성을 지원하며, 그가 독립성을 키우도록 도와준다. 사랑은 관계에서 공손한 태도, 즉 거리를 유지한다.

진정한 사랑은 강요하지 않는다. 다른 사람의 사생활을 침해하지 않는다. 또한 타인에게 억지를 부리거나 강제하지 않는다.

부모는 흔히 자식들의 삶을 들여다보고 싶은 유혹을 느낀다.

그들은 자식이 계속해서 모든 것을 숨김없이 얘기해주길 바란다. 하지만 아이들도 심리적인 면에서 사적인 영역이 필요하다. 그래서 그들은 부모나 다른 사람들로부터 비밀스러운 것들을 지키려 한다. 자식들이 감추는 것이 많아지면 부모들은 흔히 좌절감을 느끼거나 화가 난다. 그래서 아이들에게 많은 질문을 퍼붓고, 심지어 그들이 무엇을 하는지, 누구와 어울리는지, 탐정처럼 숨어서 지켜보기도 한다.

타인 삶의 비밀 공간을 밀고 들어가는 경향은 단지 부모 자식 사이에서만 나타나는 것이 아니다. 스위스의 정신과의사 폴 투르니에(Paul Tournier)가 쓴 얇지만 훌륭한 책 《비밀(Secrets,)》에 이런 내용이 나온다.

> 비밀을 갖는 것, 그것을 지키는 법을 아는 것, 그것을 포기하더라도 오직 자신의 의지에 따라 포기하는 것, 이것은 한 개인을 형성하는 가장 중요한 과정이다. 누군가의 비밀을 존중하는 것은 그를 한 인격체로서 존중한다는 뜻이다. (중략) 그가 당신의 자식이라 할지라도 말이다. 그의 사생활을 침입하는 것, 그의 비밀을 폭로하는 것은, 그의 인격을 파괴하는 것이다. 누구나 자신을 존중 받는 하나의 인격체로 느끼기 위해서는, 자신이 말하고 싶은 것은 말하고 자신이 비밀로 지키고 싶

은 것은 비밀로 지킬 수 있는 절대적인 자유가 있어야 한다.[107]

진정한 사랑은 타인 삶의 비밀 장소를 함부로 침범하지 않는다. 진정한 사랑은 다른 사람의 자기 지향성을 보호해준다. 진정한 사랑은 결코 소유하지 않고, 지배하지 않고, 가치관을 강요하지 않는다. 또한 상대방이 자유롭게 자기 성향대로 살아가도록 격려한다. 칼 로저스가 정신과의사들에게 던진 질문은 우리 일반인들도 경청할 만한 가치가 있다.

> 우리는 자기 지향성에 대한 상대방의 능력과 권리를 존중하는가? 아니면 우리가 안내했을 때만이 그가 올바른 인생을 살아갈 것이라고 믿는가? 우리 정신과의사들은 다른 사람을 어느 정도까지 인도하는 것이 좋은가? 그리고 어느 정도까지 지배하려고 하는가? 우리는 다른 사람이 자신의 가치관을 고르고 선택하는 것을 지켜보는가? 아니면 그의 행복을 위해 우리가 그의 가치관과 기준과 목표를 대신 정해주어야 한다고 생각하는가?[108]

진정한 사랑은 상대방이 갖고 있는 탁월한 잠재력을 발휘하게 한다. 또한 그의 자주성을 키워주며, 그 사람의 나약함과 공모하지 않고 강함을 이끌어낸다. 사랑은 본인 스스로 해야 하는 일을 대신해주지 않는다. **진정한 사랑은 상대방을 나약하게 만들지도 모를 '도움'이라는 유혹을 거부하는, 고도로 훈련된 보살핌이다.**

사랑은 상대방과의 관계에서 공경하는 자세 – 거리 – 를 유지한다. 사람들은 일반적으로 사랑을 가까움이라고 생각하며, 그것이 사랑의 중요한 면이라고 확신한다. 하지만 사랑에도 거리를 두는 것이 필요하다. 리처드 니부어는 이렇게 말한다.

> 사랑은 공경이다. 사랑은 가까워지면서도 거리를 유지하는 것이다. 그것은 자신 안으로 상대방을 흡수하는 것도, 상대방에게 흡수되는 것도 원하지 않는다. 그것은 사랑하는 사람이 원래의 모습으로 남아 있기를 바랄 뿐, 그를 자신의 복제물로 개조하는 것도 원치 않고, 자신의 발전을 위한 수단으로 이용하는 것도 원치 않는다. 공경하는 사랑은 상대방에 대해 알려고 노력하지만, 그것은 호기심이나 권력을 위해서가 아니라 기쁨과 경이로움을 위해서이다. 그런 사랑에는 모두 '성스러운 두려움'이라는 요소가 존재하는데, 그것은 도망가고 싶은 마음이 아니라 나와 다름에 대한 깊은 존중, 그리고 그의 본래의 모습을 해치지 않으려는 의지를 불러일으킨다.[109]

| 공감 |

사람들 간의 의사소통을 원활하게 하는 세 번째 자질은 공감이다.

 18세기 중반 무렵, 노예폐지론자인 퀘이커교도 존 울먼$_{\text{John Woolman}}$은 볼티모어에서 필라델피아까지 맨발로 걸어갔다. 흑인 노예들이 맨발로 먼 거리를 강제로 걸었을 때 느꼈을 고통을 자신의 몸으로 직접 체험하기 위해서였다. 노예의 입장이 되어봄으로써 그는 노예제도가 노예들에게 어떤 의미였는지 더 잘 이해할 수 있었다. 그는 공감한 것이다.

 클리블랜드에 있는 어떤 철강회사의 중역 한 사람은, 직장을 그만두고 다른 도시에서 일용직 노동자로 취업했다. 친구들은 그의 행동을 기이하다고 생각했지만, 그는 노동자들과 함께 일하면서 그들의 삶을 충분히 경험한 후에 노동자 문제를 보는 시각이 완전히 바뀌었다. 그도 공감하는 마음을 가지게 되었다.

 남북전쟁이 끝날 무렵 많은 북부 사람들이 남부 사람들에 대해 불타는 적개심을 느끼고 그들을 응징하고 싶어했을 때, 에이브러햄 링컨$_{\text{Abraham Lincoln}}$은 전 국민 누구에게도 원한을 갖지 않고, 모든 사람에게 관용을 베풀려고 노력했다. 거의 모든 북부 사람들이 품고 있던 적개심을 그는 왜 느끼지 않았을까? 그가 친구에게 한 말에서 한 가지 단서를 찾을 수 있다. "나는 남부 사람들 때문에 고통을 받은 게 아니네. 나는 남부 사람들과 함께 고통을 받았네. 그들의 고통은 내 고통이었고, 그들의 상실이 곧 나의 상실이었네." 이 역시 공감이다.

공감이라는 단어는 독일 심리학자들이 쓰던 'einfühlung'이라는 단어를 옮긴 것인데, 이것을 글자 그대로 해석하면 '~의 내면을 느끼는 것'이다. 이것은 상대방의 처지가 되어 그 사람을 이해할 수 있는 능력이다. 공감 능력이 있는 사람은 상대방을 싸고 있는 껍데기를 뚫고 들어가 그 사람의 눈으로 세상을 볼 수 있다. 그는 옳고 그름을 판단하지 않고 상대방의 이야기를 편견 없이 들어준다. 그 사람의 방식대로 이야기하는 것을 들어주고, 그 이야기 중 상대방에게 특별히 중요한 부분에 주목한다.

‖ 냉담, 감정이입, 동정의 관계 ‖

냉담이나 동정(아래 표를 참조하라)과 비교해볼 때, 공감을 더 잘 이해할 수 있다.

냉담	공감	동정
"난 관심 없어."	"오늘 기분이 별로 안 좋아 보이네."	"이 불쌍한 것······."
"그건 네 문제잖아."	"그 일 때문에 네 기분이 많이 상했구나."	"네가 그런 일을 당하다니 내가 다 정말 불쾌하다."

냉담은 사전에서 '감정이나 흥미, 관심이 없는 상태'로 정의되어 있다. 냉담하다는 것은 그 일에 아무 관심이 없다는 뜻이다.

동정은 냉담과 정반대의 감정으로서, 다른 사람의 감정에 과도하게 개입하는 것이다. 언젠가 장례식에서 동정심이 지나친 사람을 본 적이 있다. 그가 어찌나 슬픔을 못 이기고 애통해해서 오히려 유족이 그 사람을 위로해야 할 정도였다.

동정은 다른 사람을 불쌍히 여기는 감정이며, 공감은 함께 느끼는 감정이라는 점에서 차이가 있다. 동정은 때때로 상대를 낮춰 보는 태도를 포함할 수 있으며, '아이고, 불쌍한 사람'이라는 뉘앙스를 풍길 때가 많다. 이렇게 되면, 동정을 받는 사람은 오히려 나약해질 수 있다. 일반적으로 공감은 동정과 함께 나타나는 것도 사실인데, 공감이 어느 정도 들어 있느냐에 따라 동정이나 공감의 경험이 일부 긍정적일 수도 있다.

공감이란 상대와 적당한 거리를 유지하면서도 상대방의 경험을 함께하며 그 감정을 이해하는 것이다. 그것은 자신의 개별성을 잃지 않으면서 다른 사람의 감정을 경험하는 일이다. 공감은 상대방의 필요에 정확하게 반응하되, 그 감정에 휩쓸리지 않는 것을 의미한다. 공감하는 사람은 상대의 아픔을 느끼지만, 그로 인해 무기력해지지는 않는다.

‖ 공감의 3가지 요소 ‖

대부분의 공감에 대한 정의는 세 가지 요소로 이루어져 있다.

먼저, 공감에 능한 사람은 상대방과 어느 정도 독립성을 유지하면서 그의 감정을 민감하고 정확하게 이해한다.

둘째, 공감은 그런 감정이 일어나도록 기여했거나 '촉발시킨' 상황을 이해하는 것이다. 감정이입에 관한 이 두 가지 요소를 밀턴 메이어로프Milton Mayeroff는 이렇게 시적으로 표현했다.

> 다른 사람을 진정으로 돌보기 위해서는, 마치 그 안에 들어가 있는 것처럼 그의 세계와 그 자신을 이해할 수 있어야 한다. 그의 눈으로 세상을 바라보듯이, 그가 자신의 세계를 어떻게 느끼고 스스로를 어떻게 인식하는지를 볼 수 있어야 한다. 단순히 그를 바깥에서 객관적으로 관찰하며 마치 실험 대상처럼 대하는 것이 아니라, 그의 세계 속으로 들어가 함께해야 한다. 그가 살아가는 삶이 어떤 느낌인지, 그가 무엇을 이루려고 하는지, 그리고 성장하기 위해 무엇이 필요한지를 내부에서부터 느낄 수 있어야 한다.[110]

마지막으로, 공감 능력이 있는 사람과 대화할 때 상대방은 자신이 받아들여지고 이해 받고 있다고 느낀다. 상대방을 이해하고 거기에 공감하는 마음을 전달하는 것은 굉장히 중요하다. 루이스~William Lewis~와 위겔~Wayne Wigel~이 쓴 글 중에 다음과 같은 내용이 나온다.

> 우리가 상대방에게 자신이 이해 받고 있다는 느낌을 주려고 할 때 중요한 것은, 그에 관해서 많이 아는 것이 아니라 우리가 그들의 심정과 그들이 처한 상황을 이해하고 있음을 보여주는 능력이다.[111]

다른 사람을 이해하고 공감하는 방법, 그리고 그렇게 이해했다는 것을 상대방에게 전달하는 구체적인 방법은 이 책 ①권의 PART 2(CHAPTER 3~7) 듣기 기술에서 설명한 바 있다.

조사한 자료에 의하면, 공감으로 인한 긍정적 효과는 강력했다. 공감 능력이 월등한 교사가 가르치는 학생들은 그렇지 않은 교사의 학생들보다 성적이 훨씬 높았다. 칼 로저스는 공감을 인간의 성장을 촉진하고 인간관계와 의사소통을 개선하는 데 '가장 효과적인 요소'라고 주장한다.[112]

공감 능력이 있는 사람은 다른 사람들에게 긍정적인 변화를 일으킬 뿐 아니라 자신도 긍정적인 효과를 얻는다. 공감을 통해 우리의 시야는 넓어지고 감수성도 깊어진다. 일부 심리학자들은 심리적 성숙의 척도로서 공감 능력을 가장 중요시하기도 한다.

| 핵심 태도의 실행 |

진실함, 무소유적 사랑, 그리고 공감은 사람들과의 관계를 개선하는 태도들이다.

사전에서 '태도'란, '어떤 대상에 대한 정신적, 감정적 입장'이라고 나와 있다. 이 세 가지 태도가 부족하면 인간관계는 약해진다. 그러나 이 태도들이 갖춰져 있으면 관계는 더욱 깊어지고 발전할 수 있다. 나는 진실함, 무소유적 사랑, 공감이 최고의 의사소통을 위한 필요조건이라고 믿는다.

하지만 단순히 이런 태도를 갖는 것만으로는 한계가 있다. 진실함, 무소유적 사랑, 공감을 다른 사람에게 전하지 않는다면 아무 소용이 없다. 행동으로 표현해야 한다. 그러기 위해서는 강력한 효과를 내는 기술이 필요한데, 이 기술들은 차차 발전할 수 있다. 기본적인 대인관계 기술은 이 책에서 대부분 설명했다.

우리 사회의 가장 큰 취약점 중 하나는, 이런 핵심적인 태도를 능숙하게 표현하는 사람이 별로 없다는 것이다. 하나뿐인 자아를 표현하고 다른 사람에 대한 이해와 진정한 사랑을 표현하는 방법은 쉽게 배울 수 있는 것이 아니지만, 자아실현이나 업무의 효율성을 위해서 필수적인 일이다.

어떤 사람은 의사소통 기술의 유용성을 무시하는가 하면, 어떤 사람들은 그것을 법처럼 절대화하는 경향이 있다. 그들은 공식을 곧이곧대로 따라야 다른 사람의 말을 경청할 수 있고, 관련된 공식을 정확히 지켜야만 자기주장을 할 수 있다고 생각한다. 핵심적인 자질을 발휘하는 데 큰 도움이 되는 지침이 있기는 하지만, 자신의 태도를 표현하는 방식이 한 가지만 있는 것은 아니다. 지침은 어떤 구체적인 반응을 제시하는 것이지만, 태도는 그보다 더 광범위하고 더 근본적인 것이기 때문이다. 의사소통 기술을 발전시키기 위한 지침은 가치를 따질 수 없을 만큼 큰 도움이 된다. 하지만 진실함, 무소유적 사랑, 공감을 표현하는 방법은 여러 가지가 있다. 그리고 의사소통 기술이 발전할수록 그 사람이 사용할 수 있는 방법들도 훨씬 다양해진다. 결국 목표는 더 창의적이면서도 책임감 있는 자유로운 관계를 형성하는 것이다.

사람들은 흔히 이런 의문을 갖는다. "만약 내게 이런 핵심적인 태도가 없다면 어떡하지? 잘해야 무미건조한 관계로 지낼 것이고 최악에는 결국 파국으로 치닫는 건 아닐까?"

하지만 우리 각자는 위에서 명시한 세 가지 태도를 어느 정도 갖추고 있다는 걸 명심하라. 선구적인 정신과의사 알프레드 아들러Alfred Adler는 모든 사람들에게는 타고난 사회적 감정, 본질적인 공감력이라는 특성이 내재되어 있다고 한다. 핵심 태도 중 어떤 것은 잘못 사용해서 쇠퇴했을 수도 있고, 어떤 것은 사회생활을 하면서 억압되어 있을 수 있지만, 이런 자질들이 전혀 없는 사람은 없다고 한다.

또한 어떤 태도를 효과적인 방식으로 표현하면 그 태도는 강화되고 촉진된다. 따라서 우리가 사랑의 기술을 더 많이 사용할수록 우리는 더 많이 사랑할 수 있게 된다. 내 경험을 돌이켜보면서, 그리고 교육생들을 관찰하면서 확신하게 된 것은, 이 책에서 설명한 기술들을 배우고 사용하다 보면 진실함, 무소유적 사랑, 그리고 공감의 태도가 강화된다는 것이다.

| 요약하자면… |

의사소통 기술이 아무리 정교하게 구성되어 있다 하더라도, 진정성과 배려, 이해를 대체할 수는 없다. 하지만 이런 기술은 우리가 과거에 표현하지 못했던 핵심적인 자질을 더욱 효과적으로 표현하는 데 도움을 줄 수 있다. 그리고 이런 자질을 표현하는 것은 다시 그 특성을 더욱 성장시키고 강화한다. 우리가 더욱 진실되고, 사랑으로 가득하며, 공감하면서 소통할수록, 우리는 더 나은 모습으로 성장해 나갈 수 있다.

| 맺음말 |
대인관계 기술의 실제 활용법

책으로 의사소통 기술에 관해 읽는 것과 실제 생활에 효과적으로 적용하는 것은 완전히 다르다. 우리는 수천 명에게 의사소통 기술을 가르치면서 이 기술을 실제 생활에서 사용하는 것이 다섯 가지 규칙을 지키는지 여부에 달려 있다는 것을 알게 되었다.

배운 기술들을 횟수를 정해놓고 사용하기, 적절한 상황에 적용하기, 실패에 굴하지 않기, 이 의사소통 방식을 사용하겠다는 것을 상대방에게 알리고 준비시키기, 그리고 기술 훈련에 참가하기 등이다.

| 의사소통 기술 활용을 위한 구체적인 실천 약속 |

다른 사안과 마찬가지로 타인과의 의사소통에서도 행동은 의지를 따라가지 못한다.

이 책을 읽는 독자들은 보통 이렇게 생각할 것이다. "이 기술들을 모두 사용해서 내 인생의 중요한 사람들과 더 좋은 관계를 만들어야겠다." 하지만 실제로는 몇 번 사용해보지도 않고 예전 방식의 편안함으로 다시 돌아가기 십상이다.

그래서 나는 누군가에게 의사소통 기술을 가르칠 때(이 책에서 당신에게 했듯이), 그 사람에게 이 각각의 기술을 3개월 동안 일주일에 몇 번 사용할 것인지를 스스로 정하게 한다. 구체적인 횟수를 정하는 것은 이 기술을 사용하기로 결심하는 것 못지 않게 중요하다. 구체적인 사용 횟수로 자신을 구속하지 않으면, 실제로는 별로 사용하지도 않으면서 많이 사용하고 있는 것처럼 느끼기 때문이다.

다음은 우리 훈련 참가자 중 한 명이 횟수를 기록한 표이다.

커뮤니케이션 사용 실행 상황

10월 20일 ~ 1월 19일

이름 :

기술	다짐	사용 빈도 : 주 단위										
		10월		11월				12월				1월
		20일	27일	3일	10일	17일	24일	1일	8일	15일	22일	29일	5일	12일
참여	5회/주	6	4	5	0	3	12	8	3	4	6	14	6	4
반사적 듣기	2회/주	3	2	1	0	4	6	3	3	1	2	0	4	3
논리적 결론	2회/월	1	0	1	0	1	1	0	1	1	0	1	0	0
3요소 자기주장	1회/주	3	2	3	1	2	1	1	1	0	1	0	2	1
설명형 인정	4회/주	4	3	0	0	0	14	5	6	4	7	18	8	9
갈등 감소	2회/월	0	1	1	0	1	0	0	1	2	0	1	0	0
협동 문제 해결법	2회/월	1	0	2	0	0	1	2	0	1	1	0	1	1

| 적절한 상황 찾기 |

이 책에서 설명한 기술을 배운 사람들은 가장 어려운 대인관계 문제에서 이것들을 사용하고자 한다. 그래서 비판이나 충고가 금방이라도 튀어나올 것 같은 상황에서 반사적 듣기를 하기도 하고, 반응할 가능성이 거의 없는 사람에게 자기주장을 하기도 한다.

조깅을 시작한 다음날 바로 마라톤에 돌입하는 것이 무모한 것처럼, 좀 쉬운 상황에서 이런 기술들을 시도하면서 익숙해져야지, 너무 복잡한 상황에서 성급하게 사용하는 것은 현명하지 못하다.

| **실패에 굴하지 않기** |

이 기술이 만병통치약은 아니다. 잘 사용하면 성공할 확률이 높아 관계를 돈독하게 해주지만, 매우 능숙하고 고도로 훈련된 사람도 실패할 때가 있다.

추측건대, 당신은 아직 의사소통 기술을 자유자재로 능숙하게 사용하지는 못할 것이라 예상되고 가끔 전문가도 실수한다는 것을 생각해볼 때, 분명히 당신도 실수를 할 것이다. 그 기술이 별 효과가 없을 때 당신은 둘 중에 한 가지를 택할 수 있다. 포기할 것인지, 아니면 무엇이 잘못되었는지 알아보고 다음에는 고칠 것인지. 어떤 기술을 배우든 종종 부딪히는 실수에 굴하지 않는 것은 누구에게나 꼭 필요한 자세이다.

| 상대방이 변화를 받아들이도록 준비시키기 |

우리가 조사한 바에 따르면, 의사소통 기술을 배운 후 상대방에게 앞으로 자신이 새로운 의사소통 기술을 사용할 것이며, 왜 그것을 사용하고 그것이 어떤 방식인지 말해주는 것은 대부분 유익하다는 결론이 나왔다.

인간관계 기술 워크숍에 참석한 한 참가자가 자신의 직속부하들과 회의를 열어, 교육 내용과 직장에서 그 기술을 어떻게 적용하고 싶은지에 대해 이야기했다. 그녀는 아직 기술을 잘 익히지 못했으며, 중요한 순간에 잊어버릴 수도 있다고 솔직히 인정했다. 또한, 때로는 이러한 기술이 어색하게 느껴지거나 비효율적으로 보일 수도 있다고 알려줬다. 그러자 동료들은 "어차피 지금보다 더 나빠질 순 없을 거예요."라고 농담하며 웃었고, 결국 모두가 그녀가 새로운 기술을 익히는 과정을 응원하고 지원하기로 했다.

| 기술 훈련 |

기술 향상 워크숍은 의사소통 능력을 발전시키는 데 큰 도움이 될 수 있다. 이 책은 주요 개념을 설명하고 핵심적인 의사소통 방법을 다루지만, 책을 읽는 것만으로는 실제 워크숍에서 강사가 시범을 보이고 피드백을 주면서 연습하는 경험을 대체할 수 없다. 대부분의 사람들은 기술 훈련 워크숍이 대인관계 능력을 높이는 데 매우 유용하다고 느낀다.

| 요약하자면… |

새로운 습관이나 기술을 익힐 때와 마찬가지로, '사용하지 않으면 잊어버린다'는 원칙이 의사소통 기술에도 적용된다. 기술을 실천하기 시작할 때, 실천 다짐표를 만들어 스스로 책임지도록 하라. 자신 있게 연습할 수 있는 적절한 상황을 만들고, 가끔 어려움이 있어도 포기하지 않겠다고 결심하라. 그리고 주변 사람들에게 의사소통 방식을 변화시키겠다는 의지를 미리 알리는 것도 좋다.

이렇게 실천하고 꾸준히 유지한다면, 더 효과적인 대화, 더 깊은 관계, 자신의 역량에 대한 강한 확신, 그리고 불가능하리라 생각했던 것들에 긍정적인 영향을 끼칠 방법을 얻게 될 것이다.

Endnotes

1. *Pirke Avot* ("Ethics of the Fathers"), Talmud.
2. Sherwin Cotler and Julio Guerra, *Assertion Training: A Humanistic-Behavioral Guide to Self-Dignity* (Champaign, IL: Research Press, 1976), p. 201. Used with permission.
3. Anne Morrow Lindbergh, *Dearly Beloved* (New York: Harcourt, Brace and World, 1962), p. 10.
4. L. Z. Bloom, Karen Coburn, and Joan Pearlman, *The New Assertive Woman* (New York: Dell Books, 1975), p. 219. 자기 평가 절차의 한계에도 불구하고 그 통계는 의미 있다고 믿는다.
5. W. H. Auden, *About the House* (New York: Random House, 1965). Reprinted by permission of Curtis Brown, Ltd. Copyright © 1963 by Edward Mendelson, William Meredith, and Monroe K. Spears, executors of the Estate of W. H. Auden (first appeared in *The New Yorker*).
6. Georg Simmel, "Secrecy and Group Communication," in Talcott Parsons et al., *Theories of Society* (New York: Free Press, 1961), p. 320.
7. Theodore White, *The Making of the President 1960* (New York: Atheneum,

1961), p. 171.

8   Lois Timmins, *Understanding through Communication* (Springfield, IL: Charles C. Thomas, 1972), pp. 116-117.

9   Quoted in Gerald Kennedy, *Fresh Every Morning* (New York: Harper & Row, 1966), p. 75.

10 Abraham Maslow, in *Challenge of Humanistic Psychology*, edited by James Bugental (New York: McGraw-Hill, 1967), pp. 280-281.

11 Thomas Moriarity, "A Nation of Willing Victims," *Psychology Today*, April 1955, pp. 43-50.

12 Carolina Maria de Jesus, *Child of the Dark: The Diary of Carolina Maria de Jesus*, trans. David Saint Clair (New York: Signet, 1962), p. 47.

13 수년 전 마틴 셀드먼 박사가 나에게 주장 훈련을 소개했다. 그의 수많은 대화와 훈련 수업은 이 책의 일부 주장 섹션에 큰 영향을 끼쳤다. 그의 사상은 Martin Seldman and David Hermes, *Personal Growth Thru Groups: A Collection of Methods* (San Diego, CA: The We Care Foundation, 1975)에 나타난다.

14 George Bach and Ronald Deutsch, *Pairing* (New York: Peter H. Wyden, 1970), p. 53.

15 Herbert Fensterheim and Jean Baer, *Don't Say Yes When You Want to Say No* (New York: David McKay, 1975), p. 14.

16 Howard Clinebell Jr. and Charlotte Clinebell, *The Intimate Marriage* (New York: Harper & Row, 1943), p. 179.

17 David Seabury, *The Art of Selfishness* (New York: Simon and Schuster, 1964), p. 59.

18 Manuel Smith, *When I Say No, I Feel Guilty: How to Cope—Using the Skills of Systematic Assertive Therapy* (New York: Dial Press, 1975), pp. 7-14.

19 많은 주장 훈련자들은 이에 동의하지 않는다. 로버트 알베르티와 마이클 에먼스는 "당신이 무엇을 말하는지는 거의 중요하지 않아요!"라고 주장한다. *Stand Up, Speak Out, Talk Back!* (New York: Pocket Books, 1975), p. 85. 그들은 초창기 선구적 연구에서 이렇게 썼다. "당신이 말하는 내용이 중요하긴 하지만, 그것이 우리 대부분이 일반적으로 생각하는 것만큼 중요한 경우는 그리 많지 않다." *Your Perfect Right, 2nd ed.* (San Luis Obispo, CA: Impact, 1974), p. 32. 그러나 나와 동료들은 보통 우리가 생각하는 것보다 발언의 정확성이 더 중요하

다고 믿는다.

20. Thomas Gordon, *Parent Effectiveness Training: The "No-Lose" Program for Raising Responsible Children* (New York: Peter Wyden, 1970), p. 108.
21. John Wallen's "Behavior Description: A Basic Communication Skill for Improving Interpersonal Relations" (1970), is a helpful resource here: https://files.eric.ed.gov/fulltext/ED026323.pdf.
22. Hazen Werner, "In Marriage—Tremendous Trifles Count," *Together*, February 1962, pp. 19–21.
23. Andrew Salter, *Conditioned Reflex Therapy: The Direct Approach to the Reconstruction of Personality* (New York: Capricorn Books, 1949).
24. Thomas Gordon with Noel Burch, *T.E.T.: Teacher Effectiveness Training* (New York: Peter Wyden, 1974), p. 143. 내가 아는 한, 3요소 자기주장 메시지는 국가훈련연구소에서 개발한 2요소 피드백 메시지(two-part feedback message)에서 시작되었다. 이 피드백 메시지는 행동에 대한 비판단적 묘사와 그 행동에 대해 자신이 느끼는 감정의 표현을 포함하고 있었다. 고든 박사는 이 방법을 사용하기 시작했고, 이후 그 또는 그의 강사 중 한 사람이 여기에 '구체적이거나 유형적인 효과'를 추가했는데, 이는 많은 상황에서 매우 중요한 개선점이었다. 토머스 고든은 이러한 세 부분 메시지를 '나 메시지(I Messages)'라고 불렀다.
25. 3요소 자기주장 메시지를 가르치면서 나는, 구체적인 결과가 있는 상황에서는 대면하기를 꺼려하는 사람들이(그런 것들은 나에게 별로 중요하지 않다는 이유로) 가치 문제에서는 오히려 강하게 대면하려는 욕구를 가진다는 사실을 발견했다. 그런데 그들이 구체적인 효과가 있는 문제에 대해 더 자기주장적으로 변하면, 타인의 가치를 통제하려는 욕구가 줄어드는 것으로 보인다.
26. Reuel Howe, *The Miracle of Dialogue* (New York: Seabury Press, Inc., 1963), p. 84. Copyright © 1963 by The Seabury Press, Inc.
27. Abraham Maslow, *Toward a Psychology of Being, 2nd ed.* (Princeton, NJ: D. Van Nostrand, 1968), pp. 46–47.
28. Jack Gibb, "Defense Level and Influence Potential in Small Groups," in *Leadership and Interpersonal Behavior*, edited by Luigi Petrullo and Bernard M. Bass (New York: Holt, Rinehart and Winston, 1961), pp. 66–81.

29 Carl Rogers, *Carl Rogers on Encounter Groups* (New York: Harper & Row, 1970), pp. 52–53.
30 Robert Alberti and Michael Emmons, *Stand Up, Speak Out, Talk Back! The Key to Self-Assertive Behavior* (New York: Pocket Books, 1975), p. 90.
31 Frederick Stoller, "A Stage for Trust," in Encounter: *The Theory and Practice of Encounter Groups*, edited by Arthur Burton (San Francisco: Jossey-Bass, 1970), p. 90.
32 Richard Walton, *Interpersonal Peacemaking: Confrontations and Third Party Consultation* (Reading, MA: Addison-Wesley, 1969), p. 86.
33 샤론 바워와 고든 바워는 그들의 책 *Asserting Yourself: A Practical Guide for Positive Change* (Reading, MA: Addison-Wesley, 1976)에서 방어적인 반응에 관한 흥미로운 주장을 담고 있다. 저자들은 방어적 반응에 대한 주장을 통해 사람들이 주장자를 목적지에서 벗어나게 하는 다양한 방법을 분석한다.
34 Allan Frank, "Conflict in the Classroom," in Fred Jandt, *Conflict Resolution through Communication* (New York: Harper & Row, 1973), p. 249.
35 Herbert Fensterheim and Jean Baer, *Don't Say Yes When You Want to Say No* (New York: David McKay, 1975), p. 41.
36 폴 와이스와 조너선 와이스는 이 주제에 대해 서로 다른 관점을 제시한다. 그들의 책을 참조하라. *Right & Wrong: A Philosophical Dialogue between Father and Son* (New York: Basic Books, 1967), pp. 46ff.
37 Erich Fromm, *The Anatomy of Human Destructiveness* (Greenwich, CT: Fawcett, 1973), p. 224.
38 Quoted in Rudolf Dreikurs and Pearl Cassel, *Discipline without Tears*, 2nd ed. (New York: Hawthorn Books, 1972), p. 65.
39 Rudolf Dreikurs with Vicki Soltz, *Children: The Challenge* (New York: Hawthorn Books, 1964), pp. 72–75. 반대 견해에 대해서는, B. F. Skinner, *About Behaviorism* (New York: Knopf, 1974)를 보라.
40 Manuel Smith, *When I Say No, I Feel Guilty: How to Cope—Using the Skills of Systematic Assertive Therapy* (New York: Dial Press, 1975), and Fensterheim and Baer, *Don't Say Yes When You Want to Say No!*
41 Weiss and Weiss, *Right and Wrong*, p. 79.

42 Sidney Jourard, *The Transparent Self*, rev. ed. (New York: Van Nostrand Reinhold, 1971), pp. vii, viii.
43 Rollo May, *Power and Innocence: A Search for the Sources of Violence* (New York: Dell, 1972), p. 245.
44 Haim G. Ginott, *Between Parent and Child: New Solutions to Old Problems* (New York: Macmillan, 1965).
45 Gregor Piatigorsky, *Cellist* (New York: Doubleday, 1965).
46 George Prince, *The Practice of Creativity: A Manual for Dynamic Group Problem Solving* (New York: Harper & Row, 1970), p. 39
47 위의 책, p.40.
48 위의 책, p.39.
49 Harvey Seifert and Howard Clinebell Jr., *Personal Growth and Social Change: A Guide for Ministers and Laymen as Change Agents* (Philadelphia: Westminster Press, 1969), p. 174.
50 Richard Walton, *Interpersonal Peacemaking: Confrontations and Third Party Consultation* (Reading, MA: Addison-Wesley, 1969), p. 5. Author's italics. Reprinted with permission.
51 Florence Allshorn, *The Notebooks of Florence Allshorn* (London: SCM Press, 1957), p. 66.
52 J. H. Oldham, *Florence Allshorn and the Story of St. Julian's* (London: SCM Press, 1951), p. 88.
53 Gibson Winter, *Love and Conflict: New Patterns in Family Life* (Garden City, NY: Doubleday, 1958), pp. 102–104. Italics added.
54 Harry Harlow, "Affectional Responses in Infant Monkeys," *Science* 130 (1959).
55 Konrad Lorenz, *On Aggression* (New York: Harcourt, Brace and World, 1966).
56 Stanley Coopersmith, *The Antecedents of Self-Esteem* (San Francisco: Freeman, 1967).
57 John Dewey, *Human Nature and Conduct* (New York: Modern Library, 1930), p. 300.
58 Walton, *Interpersonal Peacemaking*, p. 5.

59 Muzafer Sherif, O. Harvey, B. White, W. Hood, and Carolyn Sherif, *Intergroup Conflict and Cooperation: The Robber's Cave Experiment* (Norman, OK: University Book Exchange, 1961).

60 Robert Blake and Jane Mouton, *Group Dynamics: Key to Decision Making* (Houston: Gulf, 1961).

61 Roger Fisher, "Fractionating Conflict," in *International Conflict and Behavioral Sciences*:

62 같은 책, pp.91-110.

63 Eugene Litwak, "Models of Bureaucracy Which Permit Conflict," *American Journal of Sociology* 67 (1961): 177-184.

64 Rensis Likert and Jane Likert, *New Ways of Managing Conflict* (New York: McGraw-Hill, 1976).

65 Robert Nye, *Conflict among Humans* (New York: Springer, 1973), p. 93.

66 Robert Blake, Herbert Shepherd, and Jane Mouton, *Managing Intergroup Conflict in Industry* (Houston: Gulf, 1964), pp. 18-33.

67 Robert Blood, "Resolving Family Conflicts," in *Conflict Resolution through Communication*, edited by Fred Jandt (New York: Harper & Row, 1973), p. 230.

68 Daniel Katz, "Current and Needed Psychological Research in International Relations," in *Conflict Resolution: Contributions of the Behavioral Sciences*, edited by Clagett Smith (Notre Dame, IN: University of Notre Dame Press, 1971), p. 86

69 George Odiorne, *Objectives-Focused Management* (New York: Amacom, 1974), p. 35.

70 Clark Moustakas, *Who Will Listen? Children and Parents in Therapy* (New York: Ballantine Books, 1975), pp. 12-13

71 Martin Buber, *The Knowledge of Man, edited by Maurice Friedman* (New York: Harper & Row, 1967), p. 69.

72 Carl Rogers, *On Becoming a Person: A Therapist's View of Psychotherapy* (Boston: Houghton Mifflin, 1961), p. 332. Copyright © 1961 by Carl R. Rogers. Reprinted by permission of Houghton Mifflin Co. Italics are in the original. 로저스의 이 주제에 관한 사상은 원래 1951년 노스웨스턴대학교

에서 열린 의사소통 100주년 학회 연설에서 발표되었다. 그보다 약 25년 전, 엘리엇 던랩 스미스는 관리자가 논의 중인 주제를 상대방의 관점에서 새롭게 바라볼 것을 제안했다. 그의 저서 *Psychology for Executives* (New York: Harper, 1928)에서 그는 이것을 "양측 점검(bilateral check)"이라 불렀다.

73 Quoted in Carl Rogers, *Carl Rogers on Personal Power* (New York: Delacorte Press, 1977), p. 123

74 Richard Cabot, M.D., quoted in a manuscript by George Peabody. Italics added.

75 Philip Roth, *Portnoy's Complaint* (New York: Random House, 1969).

76 William Shakespeare, *Julius Caesar*. 어떤 사람들은 이러한 의사소통 기술이 선한 목적뿐 아니라 악한 목적에도 쓰일 수 있다고 불평한다. 그것은 사실이다. 이 기술은 조작적으로도 사용될 수 있다. 《줄리어스 시저》에서 안토니의 연설은 그 예이다. 전체 희곡을 보면, 마크 안토니는 군중을 조종하는 비양심적인 인물이었음이 분명하다. 지능, 카리스마, 돈, 불과 같은 모든 좋은 것들과 마찬가지로, 이러한 기술은 성실한 사람들에 의해 직접적이고 상호적인 의사소통을 위해 사용될 수도 있고, 조작적으로 사용될 수도 있다. 내가 이 책을 쓰는 목적은 진정한 상호작용을 증진하는 것이다.

77 George Bach and Herb Goldberg, *Creative Aggression* (Garden City, NY: Doubleday, 1974), p. 379

78 Several of these questions come from George Bach and Peter Wyden, *The Intimate Enemy: How to Fight Fair in Love and Marriage* (New York: Morrow, 1964), p. 94.

79 Rogers, *On Becoming a Person*, p. 332. Copyright © 1961 by Carl R. Rogers. Reprinted by permission of Houghton Mifflin Co., and that of Constable Publishers, London.

80 William Reddin, *Managerial Effectiveness* (New York: McGraw-Hill, 1970), p. 170.

81 Quoted in John Kennedy, *Profiles in Courage* (New York: Pocket Books, 1957), p. 4.

82 Robert Townsend, *Up the Organization* (New York: Knopf, 1975), p. 35.

83 Mary Parker Follett, *Freedom and Co-ordination* (London: Management Publications Trust, 1949), pp. 65-66.

84 Sidney Verba, in his *Small Groups and Political Behavior* (Princeton, NJ: Princeton University Press, 1961), p. 223, raised the same concern in almost the same words.

85 John Dewey, *Creative Intelligence: Essays in the Pragmatic Attitude* (New York: Holt, 1917), p. 65.

86 Lewis Hahn, in *Guide to the Works of John Dewey*, edited by Jo Ann Boydston (Carbondale: Southern Illinois University Press, 1970), p. 31.

87 존 듀이가 문제 해결을 위해 제시한 지침은 여러 저서와 글에 나타난다. 그의 *How We Think*, rev. ed. (Boston: Heath, 1933; originally published 1910)는 그의 방법을 단순하게 진술한 것이다. 더 정교한 논의는 *Studies in Logical Theory* (Chicago: University of Chicago Press, 1903)에 있으며, 이는 후에 수정·확대되어 새로운 제목 *Essays in Experimental Logic* (Chicago: University of Chicago Press, 1916)로 출간되었다. 이 방법의 적용은 듀이의 많은 저서에서 찾을 수 있는데, 예를 들어 *Democracy and Education: An Introduction to the Philosophy of Education* (New York: Macmillan, 1916), pp. 163 이후 등이다.

88 Thomas Gordon with Noel Burch, *T.E.T.: Teacher Effectiveness Training* (New York: Peter H. Wyden, 1974), pp. 217ff

89 고든, *T.E.T.*, pp.229-230에서, 문제를 요구(needs)의 관점에서 진술하는 것과 해결책(solutions)의 관점에서 진술하는 것을 매우 유용하게 구분하고 있다.

90 Thomas Gordon, *Leader Effectiveness Training (L.E.T.): The No-Lose Way to Release the Productive Potential of People* (New York: Wyden Books, 1977), p. 195. (나는 고든 박사와 그의 동료 랄프 존스에게서 문제를 충돌하는 해결책이 아닌 경쟁하는 욕구의 측면에서 진술하는 단계를 배웠는데, 이는 협력적 문제 해결을 성공적으로 사용하는 가장 중요한 열쇠 중 하나이다.).

91 Ross Stagner (ed.), *The Dimensions of Human Conflict* (Detroit: Wayne State University Press, 1967), p. 136

92 Daniel Druckman, "Dogmatism, Prenegotiation Experience, and Stimulated Group Representation as Determinents of Dyadic Behavior in a Bargaining Situation," in *Conflict Resolution through Communication*, edited by Fred Jandt (New York: Harper & Row, 1973), p. 123.

93 Rensis Likert and Jane Likert, *New Ways of Managing Conflict* (New York:

McGraw-Hill, 1976), p. 146.

94 피터 로스은 미출간 원고에서 이 아이디어를 발전시켰다. 문구의 상당 부분은 그의 것이지만, 일부는 내가 피터의 아이디어를 내 용도에 맞게 각색하면서 쓴 것이다.

95 George Prince, *The Practice of Creativity: A Manual for Dynamic Group Problem Solving* (New York: Harper & Row, 1970), p. 171.

96 Proverbs 4:23.

97 Carl Rogers, "The Necessary and Sufficient Conditions of Personality Change," *Journal of Consulting Psychology* 22 (1957): 95–110.

98 John O. Stevens, Awareness: Exploring, Experimenting, Experiencing (New York: Bantam Books, 1973).

99 David Duncombe, *The Shape of the Christian Life* (New York: Abingdon Press, 1969).

100 Margery Williams, *The Velveteen Rabbit, or How Toys Become Real* (New York: Avon, 1975), pp. 16–17.

101 Carl Rogers, *On Becoming a Person: A Therapist's View of Psychotherapy* (Boston: Houghton Mifflin, 1961). Copyright © 1961 by Carl R. Rogers. Reprinted by permission of Houghton Mifflin Co., and that of Constable Publishers, London.

102 Karl Menninger, *Theories of Psychoanalytic Technique* (New York: Basic Books, 1958).

103 An interesting discussion of philia is found in C. S. Lewis's *The Four Loves* (London: Geoffrey Bles, 1960), pp. 69–70.

104 Waldo Beach and H. Richard Niebuhr (eds.), *Christian Ethics: Sources of the Living Tradition* (New York: Ronald Press, 1955).

105 Lorraine Hansberry, *A Raisin in the Sun* (New York: Signet Books, 1959), p. 121.

106 Thomas Gordon, *Parent Effectiveness Training: The "No-Lose" Program for Raising Responsible Children* (New York: Peter H. Wyden, 1970), pp. 15ff.

107 Paul Tournier, *Secrets* (Richmond, VA: John Knox Press, 1965), pp. 9, 23, 28.

108 Carl Rogers, *Client-centered Therapy* (Boston: Houghton Mifflin, 1951), p. 20.

109 H. Richard Niebuhr, *The Purpose of the Church and Its Ministry: Reflections on*

the *Aims of Theological Education* (New York: Harper and Brothers, 1956), p. 35.
110. Milton Mayeroff, *On Caring* (New York: Harper & Row, 1971), pp. 41–42.
111. William Lewis and Wayne Wigel, "Interpersonal Understanding and Assumed Similarity," *Personnel and Guidance Journal* 43, no. 2 (1964): 155–58.
112. Rogers, *On Becoming a Person*, p. 332. Copyright © 1961 by Carl R. Rogers. Reprinted by permission of Houghton Mifflin Co., and that of Constable Publishers, London.

1986년 개정판 출간 이후,
40년 연속 커뮤니케이션 분야 초장기 베스트셀러

로버트 볼튼 인간관계 수업 ❶
그 사람은 왜 자꾸 내 말을 끊을까

데일 카네기의 인간관계론을 읽었다면,
이젠 일상 속 실용적인 대화의 스킬을 익혀야 할 때!

로버트 볼튼 인간관계 수업 ②
그 사람은 왜 말을 그렇게밖에 못할까

초판 1쇄 발행일 2025년 11월 4일

지은이 로버트 볼튼
옮긴이 박미연
펴낸이 박희연
대표 박창흠

펴낸곳 트로이목마
출판신고 2015년 6월 29일 제315-2015-000044호
주소 서울시 강서구 화곡로68길 82, 강서IT밸리 1106-2호
전화번호 070-8724-0701
팩스번호 02-6005-9488
이메일 trojanhorsebook@gmail.com
페이스북 https://www.facebook.com/trojanhorsebook
네이버블로그 https://blog.naver.com/trojanhorsebook
인스타그램 https://www.instagram.com/trojanhorse_book/
인쇄제작 펌피앤피

한국어판 저작권 ⓒ 트로이목마, 2025

ISBN 979-11-92959-61-0 (13190)
세트 ISBN 979-11-92959-62-7 (14190)

이 책은 저작권법에 따라 보호받는 저작물이므로 무단전재와 복제를 금지하며, 이 책 내용의 전부 또는 일부를 이용하려면 반드시 저작권자와 트로이목마의 서면동의를 받아야 합니다.

* 책값은 뒤표지에 있습니다.
* 잘못된 책은 구입하신 곳에서 바꾸어 드립니다.

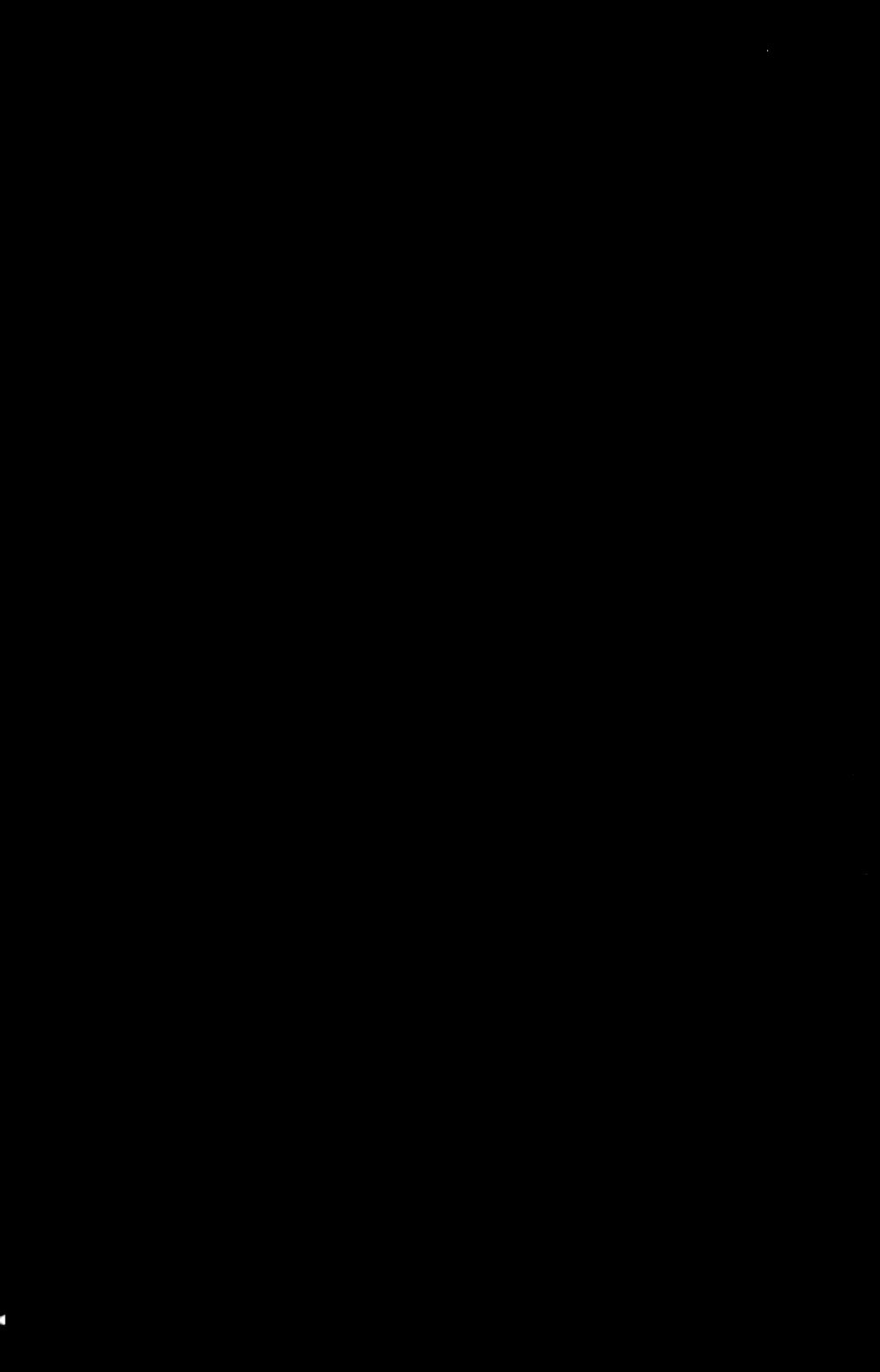